Colección Tierra Firme

LA FILOSOFÍA POLÍTICA EN LA CONQUISTA
DE AMÉRICA

SILVIO ZAVALA

La filosofía política en la Conquista de América

FONDO DE CULTURA ECONÓMICA
MÉXICO
1984

Primera edición, 1947
Segunda edición, 1972
Tercera edición, corregida y aumentada, 1977
Primera reimpresión, 1984

D. R. © 1947, FONDO DE CULTURA ECONOMICA
Av. de la Universidad, 975; 03100 México. D. F.

ISBN 968-16-1677-4

Impreso en México

PRÓLOGO

Este Prólogo no es de la especie tradicional cuyo objeto consiste en presentar a un autor primerizo o todavía poco conocido. El Dr. Silvio Zavala tiene fama pública, no sólo en su patria mejicana, sino también en todas las naciones donde se cultivan las ciencias históricas hispanistas; y, por tanto, no necesita presentaciones, ni aun la sentimental, pero justa, de un viejo maestro suyo, como lo soy yo.

El servicio inmenso de la Revista de Historia de América, *que Zavala viene dirigiendo desde su creación en 1938 y mejorándola año tras año, lo conocen todos los historiógrafos, aunque no sean hispanistas, y bastaría para cimentar una reputación sólida. Pero además de la Revista, Zavala ha publicado una respetable cantidad de monografías referentes a la historia jurídica de la colonización española y a la general de los países hispanoamericanos, cantidad en que resaltan los volúmenes de sus* Fuentes para la historia del trabajo en Nueva España, *que ha ido divulgando con la grata colaboración de su propia esposa, Da. María Castelo (1939 a 1946). Por lo que toca a la materia sustancial del presente libro, Zavala imprimió en 1944 dos estudios que la preludian. Ambos fueron editados en Buenos Aires: uno, por el Instituto de Investigaciones Históricas perteneciente a la Facultad de Filosofía y Letras de la Universidad bonaerense, con el título de* Servidumbre natural y libertad cristiana, según los tratadistas españoles de los siglos XVI y XVII *(112-liv pp., más los índices); el otro, por los Editores Emecé (196 pp.) cuyo volumen se intitula* Ensayos sobre la colonización española en América. *Puede decirse que la nueva publicación para la que escribo este Prólogo, es la cristalización definitiva de la idea central que es común a las dos que acabo de citar. Esa idea, cuyo conocimiento a fondo venía acuciando la inteligencia de Zavala desde que inició su búsqueda, es la fuente original, a través de los siglos de la civilización hispana, de una corriente perenne de sentido liberal y tolerante que halló un desarrollo espléndido con motivo de la conquista y colonización americanas y oceánicas. Esa corriente, que se manifiesta con toda claridad y energía desde el período visigodo (siglos v a vii), es la que sostuvo la lucha incansable con el egoísmo y la violencia respecto del tratamiento de los indígenas, que se empeñaban en ejercer individuos y grupos de conquistadores y colonos hispanos, contra la legislación tutorial, tolerante y misericordiosa, que sustancialmente inspiró a la colonización indiana, aun en el período vacilante que representó el reinado de Carlos I. Por eso pude yo escribir en mi* Historia de España y de la civilización española *(1900-1910) que lo más interesante y fundamental de nuestra colonización fue la trágica porfía entre los esclavistas y los no esclavistas: estos últimos, empeñados en que se obedecieran las leyes protectoras de los indios, y aquéllos en inventar subterfugios, costumbres jurídicas contra ley y todo género de picardías, para sustituir las leyes con prácticas desventajosas y arbitrarias que esclavizaban a los indígenas. (Ver particularmente los números 677 y 678, del tomo III de la citada* Historia, *3ª edición, 1913.)*

La novedad que nos ofrece ahora Zavala consiste en

demostrar que la corriente liberal de los no esclavistas no fue una invención circunstancial de la colonización, sino historia anterior española en los siglos que precedieron a ésta. Por eso, el valor principal que puede aportar este Prólogo mío es refrendar calurosamente, como historiador de España y su civilización, esa conclusión de Zavala. Ese refrendo se encontrará, cada vez más acentuado y documentado, en mis más recientes publicaciones: desde el Manual de Historia de España, *de 1934 (volumen XIV de mis* Obras completas *editadas en Madrid), a la edición reciente de 1946, y las de mi* Historia particular de la civilización española *(primera edición en castellano, en 1928: volumen V de las mencionadas* Obras completas). *Además, las ediciones aumentadas, en inglés (1930) y en italiano (1935) y el texto definitivo que va a publicar en Buenos Aires la Casa Espasa-Calpe. El último libro mío de esta clase, escrito entre los años de 1940 a 1943, es el de la* Edición Definitiva *en tres volúmenes manuscritos y está aún inédito, por lo que no puedo afirmar que llegue a publicarse viviendo yo. En cambio, un libro en que estudio particularmente* Los elementos de la civilización y del carácter españoles *y que me ha sido pedido por la Editorial Losada de Buenos Aires, desarrolla ampliamente, desde el punto de vista psicológico del pueblo español, la historia de aquella corriente hispana, vencida muchas veces en su lucha constante contra la violencia, pero inmortal a través de los siglos.*

Sobre la base de todos esos estudios, puedo decir ahora que esa corriente, no sólo tiene un abolengo bien perceptible para quienes investigan a fondo la historia del pensamiento español (a partir del siglo vii), sino que, empezando con manifestaciones bien marcadas en el círculo de la minoría culta, y particularmente dentro del clero cristiano, ha proseguido, en los tiempos de la Reconquista, en el mismo final de la Edad Media y en los siglos xvi-xvii, en una parte de doctrina que caracteriza a los teólogos juristas de ese periodo y a los que, sin ser juristas, han escrito de esa materia (Las Casas, Vitoria, Soto, Acosta, Báñez, Suárez, el mismo Ignacio de Loyola y otros muchos contemporáneos); a la vez que, por reacción bien explicable de la masa popular, se declaraba en manifestaciones de las clases medias y bajas con ejemplos salientes en Castilla (los Comuneros), *Cataluña (los* remensas) *y Valencia. La lucha que se produjo entonces es la misma que en la vida colonial enfrentó a los no esclavistas con los esclavistas; es decir, la que trató de sustituir, en la mayor proporción posible, la violencia por la persuasión, y el rigor por la bondad. En toda esa larga trayectoria, los defensores de la no violencia fueron muchas veces vencidos, como ya dije; pero también obtuvieron victorias en favor de los musulmanes (mudéjares), los judíos, los moriscos, los trabajadores manuales, particularmente los campesinos, antes siervos. El florecimiento mayor de esas victorias pertenece, en nuestro proceso histórico, más al siglo xix que al xviii (a pesar de las iniciativas de Fernando VI y Carlos III y sus respectivos ministros); y en aquél, fue subiendo hasta que, en 1936, se produjo la formidable caída que aún perdura en una parte de la población española.*

La originalidad de Zavala en este libro consiste en haber ahondado y aumentado la historia de lo que propiamente debemos llamar nuestro liberalismo *(en el sentido de tolerancia y del respeto a la persona humana,* que es lo fundamental en él) con relación al problema de los indígenas americanos. Por esa aportación científica le debemos gratitud los españoles de hoy, en primer lugar; y tras éstos, todos los historiógrafos que buscan, ante todo, la verdad de las realidades humanas.

RAFAEL ALTAMIRA

Méjico, 4 de enero de 1947

Que la grande y terrible guerra que ahora ha terminado fue una guerra hecha posible por la negación de los principios democráticos de la dignidad, igualdad y respeto mutuo entre los hombres, y por la propagación en su lugar, por medio de la ignorancia y del prejuicio, de la doctrina de la desigualdad de los hombres y las razas.

Proemio a la Constitución de la UNESCO, **Londres, 16 de noviembre de 1945.**

ADVERTENCIA

Se ha pensado que la idea de libertad nace en Hispanoamérica con la victoria que obtuvieron los partidarios de la Independencia sobre los defensores del sombrío pasado colonial. Sin embargo, creemos descubrir las raíces de una inclinación favorable a esa prerrogativa humana desde que ocurre el primer contacto del Nuevo Mundo con la cultura de Europa.

Si esta suposición es correcta, y si las pruebas en que descansa resisten a la crítica y al tiempo, se podrá extender la historia de nuestro liberalismo a campos más amplios y a épocas más remotas. Con ello, acaso, sus raíces aparecerán dotadas de mayor penetración y firmeza.

No conozco la aportación en el periodo indígena a este respecto y en nuestras palabras no debe verse una afirmación ni una negación de ella.

Hemos presentado oralmente algunas partes del presente estudio en dos ocasiones. Primero, en el Instituto de Filosofía de la Universidad de Buenos Aires, en septiembre y octubre de 1944. Después, en el Instituto Francés de la América Latina, en la ciudad de México, en noviembre de 1946.

S. Z.

I. INTRODUCCIÓN

El hallazgo del Nuevo Mundo despertó explicables inquietudes entre los hombres de letras. En su *Historia de las Indias* escribía Gómara que el mayor hecho después de la creación del mundo, con la excepción de la encarnación y muerte del que lo creó, era el descubrimiento de estas partes.

Las consecuencias ideológicas de la hazaña colombina se manifestaron en órdenes muy diversos.

En lo que respecta al conocimiento geográfico, se vive, a partir de entonces, en un mundo más grande y completo. El viaje de Magallanes y Elcano puede darnos una pauta de la emoción europea ante el ensanche del campo de la acción humana.[1] Y como observó con gran finura Antonio de Ulloa, en su *Relación histórica del viage a la América Meridional* aparecida en Madrid en 1748, no sólo se hallaron países hasta entonces desconocidos, sino que ellos vinieron a ser el medio e instrumento por el cual se llegó al perfecto conocimiento y noticia del Mundo Antiguo, pues "assi como el Nuevo le debía su descubrimiento, le havía de recompensar esta ventaja con el descubrimiento hecho en él de su ver-

---

[1] Bien se percibe más tarde el sentido de la dimensión americana cuando Alonso de Zamora O. P., dice en su *Historia de la Prouincia de S. Antonino del Nueuo Reino de Granada del Orden de Predicadores*, compuesta por el M.R.P.M.F.... su Prouincial..., Barcelona, en la Imprenta de Joseph Llopis, año de 1701, p. 6: "...Ella sola (América) se debe llamar mundo, restituyendo a su grandeza este nombre, que se han tenido aquellas tres pequeñas partes del Orbe". Este Zamora era Cronista de la Provincia dicha, hijo del Convento de Nuestra Señora del Rosario de la ciudad de Santa Fe, su patria, y examinador sinodal de su arzobispado.

dadera figura, hasta el presente ó ignorada, ó controvertida".

En cuanto a la ciencia natural, se encuentran nuevas especies botánicas y zoológicas, y comienza la interminable polémica —que ha de retomar el siglo xviii— acerca de la calidad de ellas en comparación con las europeas. El origen y la naturaleza del hombre americano interesan asimismo a los observadores, si bien estos problemas no se confinan al campo de la ciencia antropológica, sino que se mezclan con preocupaciones religiosas y políticas.

La procedencia del hombre de América, por ejemplo, se explica mediante las tradiciones bíblicas, aunque Acosta ya tiene el acierto científico, en su *Historia natural y moral de las Indias,* de señalar la ruta que por el norte comunica con Asia.

Desde mucho antes del descubrimiento colombino se creía en la existencia de especies monstruosas de hombres. Habló de ellas Plinio en su *Historia natural.* Más tarde recordaba San Agustín, en su *Ciudad de Dios,* que en las historias de los gentiles y en los mosaicos que adornaban la plaza de Cartago aparecían tales monstruos, planteándose la duda acerca de si pertenecían en verdad a la especie humana y, por lo tanto, si descendían de Adán. Todavía en 1622 se publicó en Venecia la extraña figura de un supuesto habitante del Brasil, que no era otro que el "hombre perro" de la *Historia* de Plinio.

La exploración de América contribuyó a demostrar la inexistencia de aquellos seres fantásticos; pero España no halló un Continente vacío. Por eso su actuación hubo de ser política, de relación con otros hombres agrupados en sociedad, así se tratara de tribus errantes, entre ellas las de chichimecas, pampas, etc., o de imperios más desarrollados como el azteca o el inca.

Se explica, en consecuencia, que la colonización de América diera origen a una literatura política abundante que tendía a dilucidar los problemas siguientes: ¿cuáles son los títulos que pueden justificar los tratos de los europeos con los pueblos indígenas?; ¿cómo se ha de gobernar a los hombres recién hallados?

Es cierto que, a primera vista, aparentaba ser escasa la significación ideológica de un tema como el de la conquista de América, relacionado con la acción de hombres que solían carecer de letras, según ocurre en el ejemplo notable de Francisco Pizarro, conquistador del Perú. Y aun cuando los soldados supieran leer y escribir o contaran con el asesoramiento de religiosos, letrados y escribanos, ¿no obedecía su empresa al solo deseo de satisfacer, mediante las armas, fines de codicia y explotación disimulados bajo la apariencia de una cruzada cristiana? Así lo creyeron muchos autores de los siglos XVIII y XIX.

Sin embargo, conviene puntualizar que existe un pensamiento al que se encuentran vinculados los hechos de la Conquista. Así se comprende la posibilidad de la campaña que iniciaron eclesiásticos y funcionarios cultos para reducir la conducta de los conquistadores y pobladores a principios de mayor justicia. Además, la doctrina que nutre las instituciones destinadas a regir la nueva sociedad hispanoamericana no es independiente de la filosofía política creada por la secular cultura europea. De ahí conexiones inexcusables con la teología y la moral, porque en el siglo XVI español los problemas humanos se enfocan preferentemente desde el punto de vista de la conciencia. Así lo demuestran aquellas *Sumas de tratos y contratos* en que el teólogo se propone ilustrar al mercader con respecto a los peligros que acechan a su alma. De la misma manera se atiende en los tratados políticos a la salud de conciencia del príncipe y a la de hombres de armas, como los conquistadores, que viven expuestos a tentaciones continuas.

Es de observar que la teoría política a que vamos a referirnos tuvo por objeto el Nuevo Mundo, pero los elementos ideológicos en que se fundaba provenían de Europa. ¿Trátase, por lo tanto, de un episodio inicial de la historia de las ideas de América, o simplemente de una etapa más del pensamiento europeo vinculado con hechos que ocurrieron en ultramar?

No puede desconocerse que la contribución esencial en el orden de las ideas fue la europea; pero, contra la suposición de un papel pasivo de América, es oportuno considerar que el recurso a las ideas de Europa para interpretar los problemas del Nuevo Continente vino acompañado de modificaciones —mayores o menores— que la novedad del Descubrimiento introdujo en aquella cultura tradicional.

En parte, la filosofía política de la Conquista se debió a pensadores que nunca pasaron a las Indias. Otros hubo indianos, o sea, europeos con experiencia de la vida de ultramar. Es perceptible cierta diferencia —muy comprensible— entre el pensamiento de unos y otros. Además, pronto surgieron matices criollos, mestizos e indígenas en la visión del Nuevo Continente.

En todos estos casos, los hechos de la Conquista contribuyeron a fijar los contornos de los problemas de doctrina, a darles un contenido práctico. A su vez, la actividad ideológica influyó sobre el desarrollo de nuestra historia. Así se explica la estrecha relación que guarda el pensamiento político de la época con las instituciones de América destinadas a regular la convivencia de los europeos con los nativos. Se trata de una filosofía política en contacto con problemas vivos, de penetración y asiento en las nuevas tierras.

No es difícil percibir que la teoría acerca del primer contacto del Nuevo Mundo con Europa, a más de su interés histórico, posee una significación moderna; porque no pocas veces han resurgido las circunstancias que rodean a la expansión de naciones poderosas y al gobierno de pueblos coloniales. Esto nos autoriza a interpretar la conquista española de América como un antecedente valioso de la presente experiencia internacional y política, aunque no sean idénticas la terminología ni la individualidad histórica en cada caso.

Se observará que, en el primer ensayo de los que siguen, estudiamos las ideas acerca del contacto de cristianos con infieles. Es un planteamiento de raigambre medieval que conserva su vigencia al ocurrir el descubrimiento de América.

No fue, sin embargo, la única corriente ideológica que dejó huella perceptible en la meditación de la Conquista. Algunos pensadores escolásticos y otros de formación renacentista acogieron la teoría clásica acerca de la relación de los hombres prudentes con los bárbaros, llegando a predicar la servidumbre natural de los indios y el derecho de los españoles a sujetarlos por medio de la fuerza.

Frente a esta ideología surge la de procedencia estoica y cristiana que afirma la libertad de los indígenas e interpreta la misión de los colonizadores conforme a los principios de una tutela civilizadora. Es la que al fin predomina en el ambiente ideológico y legislativo de España e Indias.

En capítulo posterior exponemos algunas contribuciones del pensamiento dieciochesco a la polémica entre los partidarios de la servidumbre y los de la libertad, recalcando, como corresponde a nuestro propósito, los aspectos relacionados con América.

Tales son, en síntesis, las ideas de cuya historia vamos a tratar. En esta ocasión prescindimos del aparato erudito, pero los lectores interesados en mayores detalles pueden acudir a la bibliografía sumaria que ofrecemos al fin de esta obra.

II. CRISTIANDAD E INFIELES

Es NOTORIA la riqueza de los documentos relativos a la conquista española de América, entre los cuales se pueden distinguir los religiosos, los oficiales y los de simples particulares, todos de indudable valor para conocer la conciencia de la Colonización.

Si atendemos a los términos empleados en ellos, observaremos que el interés nacional, predominante en empresas más modernas, no excluye entonces el planteamiento, enraizado en la Edad Media, que contempla el progreso de la Cristiandad a costa de los pueblos gentiles o infieles.

Se explica que se mirara así el problema político de la conquista indiana, en virtud del panorama histórico que antecedió al Descubrimiento.

Un mapa del orbe cristiano y musulmán hacia el año 1000, como el publicado por Menéndez Pidal, muestra a la Cristiandad envuelta por el mundo islámico, con la amplia penetración por el flanco de Occidente que representa la invasión de la Península Ibérica. Más tarde, en el siglo XV, la caída de Constantinopla pone en franco peligro la frontera oriental del mundo cristiano. Pero la reconquista hispana hace ceder la antigua amenaza por el rumbo del poniente y abre la puerta a la expansión de los europeos por las costas de África, las Islas Canarias, Asia y América.

Este avance viene acompañado de un correspondiente desplazamiento de los conceptos acerca de cristianos e infieles, como eco de la lucha sostenida en Europa durante tantos siglos.

España fue un país afectado de manera profunda por la rivalidad política que prevalecía entre el mundo cristiano y el sarraceno. En el siglo XI esa lucha se reviste ya de matices de intransigencia religiosa.

Un reflejo de ésta se advierte en la ley de Partidas que enumera entre las causas justas de guerra: "la primera por acrescentar los pueblos su fe et para destroir los que la quisieren contrallar..."

Semejante enunciado del siglo XIII halla su fiel continuación en la prosa de un documento despachado por los Reyes Católicos en 1479, en el que explican: "enviamos ciertos nuestros capitanes e gentes a la conquista de la Grand Canaria, contra los canarios infieles, enemigos de nuestra santa fe católica que en ella están, los cuales dichos canarios están en grand aprieto para se tomar".

Ya en el Nuevo Mundo, al finalizar la segunda década del siglo XVI, Hernán Cortés afirma que está "puñando por la fe". Y dice a los soldados que le siguen en la fase culminante de la conquista de México, que tienen de su parte justas causas y razones: "lo uno por pelear en aumento de nuestra fe y con gente bárbara..."

Bernal Díaz del Castillo, en su *Historia verdadera de la conquista de la Nueva España,* habla de los buenos servicios que los conquistadores han hecho "a Dios y a su Majestad y a toda la Cristiandad".

En el ambiente cortesano y letrado de España se encuentran, fácilmente, antecedentes y equivalencias del pensamiento expresado por estos hombres de armas. Bastaría tener en cuenta la negociación de las bulas alejandrinas y el aprecio que la Corona demostró por el título de la propagación de la fe.

El cronista Gómara, consciente de la variedad de los motivos de la Conquista, puso en boca de Cortés, con fina ironía, este discurso: "La causa principal a que venimos a estas partes es por ensalzar y predicar la fe de Cristo, aunque juntamente con ella se nos sigue honra y provecho, que pocas veces caben en un saco."

Vasco de Quiroga, en el Testimonio de erección de la Catedral de Michoacán, según la traducción de G. Méndez Plancarte, *Humanismo mexicano del siglo xvi*, México, 1946, pp. 55-56, habla del Imperio como vía de extensión de la fe en los términos siguientes: "Plugo a la divina Voluntad, poner al frente de los Reinos de las Españas a héroes tan célebres, que no sólo vencieron a las espadas y máquinas de guerra de los bárbaros, sino que, pródigos de su vida y de su patrimonio, penetraron —en compañía de una gran multitud de cristianos— por regiones incógnitas y remotísimas y, vencido el monstruo de la idolatría, plantaron por todas partes, entre los aplausos y felices augurios de la religión cristiana, el Evangelio de vida, haciendo triunfar universalmente la bandera de la Cruz."

A pesar de la intensidad y las peculiaridades de la cruzada ibérica, no hemos de creer que este desarrollo fuese exclusivamente peninsular. Es posible, por lo tanto, hallar una doctrina general de los pensadores europeos acerca de la relación de la Cristiandad con los infieles.

Sin ir más allá del siglo xiii, encontramos algunas ideas que reclaman nuestra atención.

El canonista Enrique de Susa, conocido más bien como el Ostiense († 1271), cree que el Papa es vicario universal de Jesucristo, y que consiguientemente tiene potestad, no sólo sobre los cristianos, sino también sobre todos los infieles, ya que la facultad que recibió Cristo del Padre fue plenaria. Y le parece que, después de la venida del Redentor, todo principado y dominio y jurisdicción han sido quitados a los infieles y trasladados a los fieles, en derecho y por justa causa, por aquel que tiene el poder supremo y es infalible.

De acuerdo con esta doctrina, los títulos que, por derecho natural y de gentes, pudieron tener los infieles a sus reinos desaparecieron con el advenimiento de Cristo, recayendo luego el poder temporal en el pontífice de Roma; quien podía, cuando así lo estimara oportuno, reclamar la potestad sobre los infieles. Éstos, entre tanto, sólo gozaban de una tenencia precaria del reino a modo de concesión de la Sede romana.

Sin que guarde relación ideológica con la doctrina del Ostiense, pero como ejemplo de otra posición que debilita el derecho del infiel ante el avance cristiano, recordemos la teoría de Juan Wycliffe (1324-1384): todo derecho humano presupone como su causa el derecho divino; en consecuencia, todo dominio que es justo según los hombres, presupone un dominio que es justo según Dios. Como la gracia falta al hombre injusto, o que está en pecado mortal, no tiene propiamente dominio.

Es cierto que el Concilio de Constanza (1415-1416) condenó esta doctrina; pero no deja de ser interesante que Francisco de Vitoria creyera necesario combatirla de nuevo al tratar de los justos títulos a las Indias, pues pensaba lógicamente que los partidarios de ella podían afirmar que los bárbaros del Nuevo Mundo no tenían dominio alguno, porque siempre estaban en pecado mortal.

Frente a estas actitudes podemos encontrar —dentro del propio pensamiento europeo comprendido del siglo XIII al XVI— otras más generosas en cuanto a las relaciones de la Cristiandad con los infieles.

Inocencio IV († 1254) admite que los infieles pueden tener dominios, posesiones y jurisdicciones lícitamente, ya que no se hicieron solamente para los fieles, sino para toda criatura racional. En consecuencia, no es lícito al Papa ni a los fieles quitar a los gentiles los bienes y jurisdicciones que poseen sin pecado. Pero Cristo, y en consecuencia el Papa, tiene potestad de derecho sobre todos los hombres, aunque no de hecho. Por eso puede la Sede romana castigar a los gentiles que obran contra la ley de la naturaleza; por ejemplo, a los sodomitas e idólatras.

Como esta teoría reconoce que la base del dominio es la simple potencia racional del hombre, no la condición religiosa del mismo, se halla en aptitud de ser más tolerante con los derechos de los infieles.

Dentro de la misma corriente de ideas encontramos en la *Suma teológica* de Tomás de Aquino (1225-1274), que el dominio y la prelación se introducen por derecho humano; en cambio, la distinción entre los fieles e infieles es de derecho divino. Pero éste, que proviene de la gracia, no anula el derecho humano, que se funda en la razón natural. En consecuencia, la distinción entre fieles e infieles, considerada en sí misma, no hace desaparecer ni aun el dominio que puedan tener los infieles sobre los cristianos. Es cierto que Santo Tomás templa luego esa doctrina, admitiendo que la superioridad de los infieles puede desaparecer justamente por sentencia u ordenación de la Iglesia que ejerce la autoridad de

Dios; porque los infieles, en razón de su infidelidad, merecen perder la potestad sobre los fieles, que pasan a ser hijos de Dios. Pero no se trata, según se desprende de lo anterior, de un derecho omnipotente de la Cristiandad frente al desvalimiento completo de los gentiles; antes bien, el pensamiento cristiano vuelve sobre sí mismo y halla en su seno esos elementos de Derecho Natural y de Razón que son patrimonio de todos los hombres.

En la ideología culta de la conquista hispanoamericana se revela la influencia de las doctrinas generales ya expuestas, pudiendo distinguirse dos ciclos.

Al principio, los monarcas españoles quisieron saber cuáles eran los títulos justos que amparaban su dominio sobre las Indias y cómo debían gobernar a las gentes recién halladas. Consultaron a sus teólogos y letrados, y uno de los más distinguidos juristas de la Corte, el doctor Juan López de Palacios Rubios, escribió hacia 1514 un tratado sobre tales cuestiones. Las Casas lo combatió severamente porque consideraba que el autor se había dejado influir por los "errores" del Ostiense. En efecto, el consejero de Fernando el Católico sostenía que Cristo fue soberano en el sentido espiritual y temporal, y delegó estas facultades en el Papa; por lo que los reinos de los infieles no gozaban de independencia frente a la Sede romana, y estaban obligados a someterse a la potestad de ésta si así se los pedía. Al igual que el canonista del siglo XIII, pensaba que la posesión de los infieles no tenía otro carácter que el de una tenencia momentánea, hasta que Roma reclamase su derecho.

Palacios Rubios redactó asimismo un "requerimiento" que los conquistadores españoles debían leer a los indios del Nuevo Mundo. En él comenzaba por explicar sumariamente la doctrina cristiana, a fin de que los infieles supieran quién era Cristo, quién el Papa, y qué derecho tenían los cristianos para exigirles la sujeción a su poder. El último párrafo revela el sentido coactivo de esta demanda: cuando ya se ha dicho a los indios que todos los hombres son prójimos y descienden de Adán, se les pide que reconozcan a la Iglesia y al Papa, y al Rey y a la Reina como superiores de estas tierras por donación papal. Si quieren someterse, se les recibirá con todo amor y caridad, se les dejarán sus mujeres, hijos y haciendas libres, y no se les compelerá a que se tornen cristianos, salvo si informados de la verdad desean convertirse, y el Rey les hará muchas mercedes; si se niegan a obedecer, el capitán, con la ayuda de Dios, les hará guerra, y tomará sus personas y las de sus mujeres e hijos, y los hará esclavos y como tales los venderá.

No se obliga a los infieles a que sean cristianos, según se puntualiza en el texto, pues la conversión ha de ser voluntaria; pero sí se les reclama la sujeción a la autoridad de Roma, delegada en los españoles, estimándose que la Iglesia goza en este caso de una potestad de orden temporal. Las consecuencias que se derivan de la negativa de los infieles caen dentro de la idea que en esa época se tiene de la guerra justa, siendo la esclavitud un resultado de ella. Lo que se procura es justificar la causa del procedimiento bélico. Ya se ha visto que todo depende, en último término, de la amplitud que se concede al derecho de jurisdicción de la Cristiandad sobre el mundo infiel.

El requerimiento se usó en las conquistas del Darién, México, Nueva Galicia, el Perú, etc.

Surgieron dificultades en la práctica, ya por la natural incomprensión de los indios a causa de la diferencia de lenguas y de civilización con respecto a las de los europeos, ya por la falta de escrúpulo de los soldados encargados de aplicar las cláusulas del complicado texto.

En alguna crónica de la época, como la del Bachiller Enciso, impresa en 1519, se relata que ciertos caciques de Castilla del Oro fueron requeridos de la manera expuesta antes, y contestaron que en lo que se les decía acerca de que no había sino un Dios que gobernaba el cielo y la tierra, que así debía de ser; pero que el Papa daba lo que no era suyo, y que el Rey que lo pedía y lo tomaba debía ser algún loco, pues exigía lo que era de otros; que fuese el capitán a tomarlo y le pondrían la cabeza en un palo, como tenían otras de sus enemigos, que le mostraron.

Ante esta respuesta, el conquistador les tomó el pueblo por la fuerza.

En otro caso, el cronista Fernández de Oviedo narra que el gobernador Pedrarias Dávila le dio el requerimiento, como si entendiese a los indios para leérselos, o hubiera allí persona que se los diese a entender, queriéndolo ellos oír, pues mostrarles el papel en que estaba escrito poco hacía al caso. En presencia de todos los soldados, Oviedo dijo a Pedrarias: "Señor, paréceme que estos indios no quieren escuchar la teología de este requerimiento, ni vos tenéis quien se la dé a entender. Mande vuestra merced guardarle hasta que tengamos algunos de estos indios en la jaula para que despacio lo aprendan, y el señor obispo se lo dé a entender." Y le devolvió el requerimiento en medio de risa general.

No faltó agudeza a estos españoles para convertirse en críticos de sus propias acciones.

Las dificultades de hecho se vieron robustecidas por una amplia revisión teórica que efectuaron los tratadistas españoles particularmente, aunque hubo contribuciones importantes de pensadores de otras partes de Europa.

Un texto relevante se debe al profesor de París, Juan Maior, escocés, quien en su Comentario al Lib. II de las Sentencias, de Pedro Lombardo, publicado en 1510, sostuvo que el reino de Cristo no era de este mundo y que no hizo al Papa vicario sino en el primado espiritual; tampoco el Emperador era señor de todo el Orbe.

En esa época todavía no gozaba el monarca de España del título imperial. Además, cuando Carlos I llegó a ostentarlo, no por eso las Indias dejaron de pertenecer de manera inmediata a la corona de Castilla y León. En consecuencia, la teoría acerca del poder papal, vinculada por medio de las bulas alejandrinas con la soberanía española sobre el Nuevo Mundo, influyó más en el debate americanista que la idea del Imperio, traída a colación, sin embargo, por sus pretensiones de universalidad.

Junto con la revisión de los poderes europeos más amplios que podían aspirar a la gobernación de las Indias, Maior hizo hincapié en aquel principio generoso que ya encontramos en Inocencio IV y Santo Tomás, relativo a que el dominio no se basa en la fe ni en la caridad, sino en títulos de derecho natural, por lo que el infiel puede tener libertad, propiedad y jurisdicciones.

Por otra parte, a medida que el mundo europeo ensanchaba sus experiencias geográficas y humanas, comenzó a percatarse con mayor nitidez de las diferencias que existían entre los géneros de infieles, así en lo tocante a la religión como al grado de hostilidad con que se oponían a los cristianos; de suerte que la conducta de éstos no había de ser uniforme.

Maior, por ejemplo, puntualiza que hay varias clases de infieles: los que se han apoderado de tierras de cristianos, como los turcos que dominan la Grecia; otros hay que no han obtenido sus tierras por rapiña, sino por justos títulos de gentiles. La suerte de estos últimos depende de su asentimiento u oposición a que los cristianos les prediquen la fe. Según Maior, el poder temporal de los cristianos sobre los infieles puede justificarse, bien como un medio preparatorio para la propagación de la fe, o como una medida posterior de conservación de la fe ya recibida por los gentiles.

En esta doctrina no desaparece por completo el predominio del cristiano sobre el infiel. El propósito religioso de convertir a los paganos viene a ser el verdadero título de la expansión jurisdiccional europea. Maior acepta asimismo la justificación clásica del imperialismo, que descansa en las diferencias de razón que existen entre los hombres; pero de esto trataremos después.

Otro pensador de suma importancia, por lo que respecta al tema en sí y por la influencia que ejerció sobre la escuela española, es el cardenal Cayetano, Tomás de Vío (1469-1534). En sus comentarios a Santo Tomás, impresos en 1517, distingue varias clases de infieles: los que de hecho y de derecho son súbditos de príncipes cristianos, por ejemplo, los judíos que viven en tierras de cristianos; otros infieles son súbditos de cristianos por derecho, pero no de hecho, como los que ocupan tierras que pertenecieron a los fieles (es el caso de la Tierra

Santa); y, por último, hay infieles que ni de derecho ni de hecho están sujetos a príncipes cristianos, a saber, los paganos que nunca fueron súbditos del Imperio romano, habitantes de tierras donde nunca se supo del nombre cristiano (es la parte aplicable a los indios del Nuevo Mundo). Éstos no están privados de sus dominios a causa de su infidelidad, porque el dominio procede del derecho positivo, y la infidelidad del derecho divino, el cual no anula el positivo. Ningún rey, ni emperador, ni la Iglesia romana puede mover guerra contra ellos para ocuparles sus tierras o sujetarlos en lo temporal, porque no existe causa de guerra justa.

Esto demuestra que no se contempla el mundo infiel como unidad enemiga confundida bajo la denominación hostil de "sarracenos". Durante la conquista de Canarias se advirtieron diferencias entre los guanches y los moros, que produjeron ciertas inquietudes doctrinales. Y ahora, ante el Nuevo Mundo, las evidentes diversidades que existían entre los indios y los mahometanos obtenían pleno reconocimiento teórico.

En Cayetano se encuentran otras observaciones importantes acerca del método de penetración que podía emplearse en las Indias. Creía que la vía había de ser apostólica, por convencimiento de los gentiles y no por obra de la violencia. Porque Cristo, a quien fue dada toda potestad en el cielo y en la tierra, envió a tomar posesión del mundo, no a soldados, sino a santos predicadores, como ovejas entre lobos; los cristianos pecarían gravemente si por las armas quisieran ampliar la fe de Cristo; no serían legítimos señores de los indios, sino que cometerían magno latrocinio y estarían obligados a la restitución, como impugnadores y poseedores injustos

Debían enviarse a estos infieles predicadores que fuesen buenos varones, que los convirtiesen a Dios por el verbo y el ejemplo, y no quienes los oprimiesen y escandalizasen y los hiciesen dos veces hijos del infierno al estilo de los fariseos.

Entre los autores españoles, hallamos que Las Casas, más conocido por sus campañas en defensa de los indios que por sus ideas, afirmaba que entre los infieles que nunca oyeron nuevas de Cristo ni recibieron la fe, había verdaderos señores, reyes y príncipes; y el señorío, la dignidad y preeminencia real les competía de derecho natural y de gentes. Aludiendo claramente a la doctrina del Ostiense, para combatirla a través de su secuaz Palacios Rubios, negaba que al advenimiento de Cristo los infieles hubiesen sido privados en universal ni en particular de sus preeminencias. La opinión contraria era impía. Veía a los indios como "un pueblo que vive pacíficamente y que está preparado para recibir el culto de Dios y que no tiene más amparo o defensa que la misma ley natural y divina". Creía que las jurisdicciones de los superiores indígenas debían armonizarse con la soberanía española, correspondiendo a ésta ejercer la función de un "cuasi-imperio". El uso de las armas para facilitar la evangelización de los indios —admitido entre otros por Sepúlveda— le inducía a comparar esta conquista con las de los creyentes de Mahoma, con lo cual preparaba el camino para que el mexicano fray Servando Teresa de Mier, en la época de la Independencia, aplicase el calificativo de "apóstoles de cimitarra" a los conquistadores españoles del siglo XVI.

Francisco de Vitoria llevó a un cabal desarrollo ideas semejantes. Desechaba como títulos ilegítimos el dominio temporal universal del Papa y el del Emperador. Y afirmaba, dentro de la tradición tomista, que las organizaciones políticas y el dominio sobre los bienes provienen de la razón natural y del derecho humano, no del divino, por lo cual son compatibles con la distinción entre fieles y gentiles. A los que alegaban la infidelidad como causa de la pérdida del dominio, contestaba: "La infidelidad no quita ni el derecho natural ni el humano; pero los dominios son o de derecho natural o de derecho positivo; luego no se quitan por falta de Fe." A su vez, a los que invocaban los pecados mortales, respondía en estos términos: "El dominio se funda en la imagen de Dios; pero el hombre es imagen de Dios por su naturaleza, a saber, por las potencias racionales, que no se pierden por el pecado mortal. Luego, como ni la imagen de Dios, su fundamento, se pierde el dominio por el pecado mortal."

Se explica, en consecuencia, que Vitoria concluyese esta parte de su disertación afirmando que: "antes de la llegada de los españoles a las Indias eran los bárbaros verdaderos dueños pública y privadamente".

Los títulos legítimos que él aceptaba eran: la comunicación natural entre los pueblos, que no entraña necesariamente una dominación política; la propagación de la fe, que puede ser pacífica y dejar a salvo las posesiones de los infieles si no la resisten; la preservación de la fe ya recibida; la tiranía de los naturales, "ya de los superiores sobre los súbditos, ya de las leyes vejatorias de los inocentes, como las que ordenan sacrificios humanos"; la verdadera y voluntaria elección, a saber, "si los bárbaros, comprendiendo la inteligente y prudente administración y la humanidad de los españoles, espontáneamente quisieran recibir por Príncipe al Rey de España, lo mismo los señores que los demás"; las alianzas, como la concertada entre los soldados de Hernán Cortés y los tlaxcaltecas para atacar a los mexicanos; y, sin llegar a una afirmación plena, el predominio del hombre prudente sobre el bárbaro, aprobado por Aristóteles.

Semejantes antecedentes explican por qué en una obra impresa en Sevilla en 1594, bajo el título de *Origen y milagros de N. S. de Candelaria*, podía asegurar el padre Espinosa, reuniendo el caso de los canarios con el de los indios: "Cosa averiguada es, por derecho divino y humano, que la guerra que los españoles hicieron, así a los naturales destas islas [de Canarias], como a los Indios en las occidentales regiones, fue injusta sin tener razón alguna de bien en qué estribar, porque, ni ellos poseían tierras de cristianos, ni salían de sus límites y términos para infestar ni molestar las ajenas. Pues decir que les traían el Evangelio, había de ser con predicación y amonestación, y no con atambor y bandera, rogados y no forzados, pero esta materia ya está ventilada en otras partes."

De esta suerte llegamos a una etapa en que los europeos han revisado la teoría favorable al poder del Papa en el orden temporal; han limitado la jurisdicción universal del Emperador; y, por otra parte, han robustecido los derechos que poseen los infieles a su libertad, bienes y reinos. Dentro de este planteamiento, los títulos que podían justificar la relación de los cristianos con los gentiles habían de ser más depurados y de carácter más universal. El mundo ajeno a la Cristiandad, ante el avance de ésta, no se veía despojado de los derechos humanos fundamentales.

Fray BARTOLOMÉ DE LAS CASAS (1474-1566), defensor de la libertad cristiana

El debate americanista contribuyó incidentalmente a clarificar la espinosa cuestión relativa a la convivencia del poder espiritual con el temporal, que tanto apasionó a Europa. En efecto, España se erigió en defensora del catolicismo después de la Reforma; pero sus pensadores no siguieron, por lo general, el criterio del Ostiense, sino que afirmaron con Vitoria que el poder del Papa era espiritual, y que sólo gozaba de facultades temporales en orden a ese fin. Esta actitud contaba con antecedentes, según puede observarse en Torquemada, y vino a desembocar en las ideas de Belarmino, quien cita con respeto a Vitoria.

El progreso de la doctrina política tocante a la conquista de Indias se reflejó en cambios institucionales, los cuales comprendieron desde el abandono del "requerimiento" hasta la promulgación de las ordenanzas de Felipe II, de 1573. En éstas se sustituyó el término "conquista" por el de "pacificación", "pues habiéndose de hacer —los descubrimientos— con tanta paz y caridad como deseamos, no queremos que el nombre dé ocasión ni color para que se pueda hacer fuerza ni agravio a los indios". Pero la Corona no abandonó el sistema de costas privadas que venía sirviendo de base para la organización de las empresas de descubrimiento y colonización, a falta de aportaciones económicas del poder público. A este sistema se atribuía, en buena parte, el deseo incontenible de los soldados de resarcirse de sus gastos y trabajos a costa de los indios.

Algo más tarde, la *Recopilación de las Leyes de Indias* de 1680, en la ley 9, título 4, libro III, redactada sobre la base de disposiciones anteriores ahora puestas en lenguaje más terminante, mandó: "que no se pueda hacer, ni se haga la guerra a los indios de ninguna provincia para que reciban la santa fe católica o nos den la obediencia, ni para otro ningún efecto".

Es decir, la guerra llegó a ser proscrita legalmente, en términos generales, como instrumento de la penetración religiosa y política española en el Nuevo Mundo. Extraño pero comprensible corolario de las conquistas efectuadas desde fines del siglo xv.

En cuanto a las prerrogativas de los nativos, aplicando las teorías del derecho natural arriba explicadas, el legislador llegó a reconocer tanto la libertad personal como las propiedades de ellos. En el orden político —contribuyendo a ello el propio interés de la administración real— se conservaron los cacicazgos, aunque no con la amplitud de funciones que pedía Las Casas. En general, se ordenó el respeto a las costumbres de los indios cuando no fuesen contrarias a la fe cristiana ni a la buena policía.

Estos propósitos institucionales se enfrentaron a las necesidades y a los apetitos del grupo encargado de la actividad colonizadora. Surgió la lucha entre el derecho y la realidad, entre la ley escrita y la práctica de las provincias. El indio podía ser libre dentro del marco del pensamiento y de la ley de España, pero el goce de esa franquicia se vería contrariado por obstáculos poderosos de orden social. Sin embargo, las ideas de libertad y protección de los nativos formaron parte inseparable de ese complejo cuadro histórico, como atributos de la conciencia española en América.

En suma: a consecuencia de la evolución del pensamiento acerca de la conquista del Nuevo Mundo, el propio pueblo conquistador llegó a revisar su primera actitud dominadora y violenta, adoptando otra más liberal que la aceptada a fines de la Edad Media en los tratos con pueblos gentiles.

Esto se tradujo, no sólo en una orientación más generosa de la vida institucional indiana, sino también en un legado perdurable a la historia de las ideas y al régimen de la colonización en el mundo moderno.

III. SERVIDUMBRE NATURAL

El avance de la Cristiandad frente a los gentiles fue aspecto primordial del pensamiento relativo a la conquista de América, según hemos visto; pero revisando la terminología del siglo xvi, se encuentran otras voces que acusan la presencia de conceptos de índole política más neta, aunque no aparezcan desligados por completo de matices religiosos o morales.

Nos referimos al planteamiento de la Conquista como una dominación de hombres prudentes sobre bárbaros; es decir, a una consideración del problema desde el punto de vista de la Razón. En este caso, no hay que buscar los antecedentes en el pensamiento teológico y canónico desarrollado en Europa del siglo xiii al xvi, sino en la filosofía política de los griegos.

Aristóteles, en la parte de su *Política* dedicada al estudio de la servidumbre, inquiere si esta institución es natural. Recuerda que ciertos autores juzgan que ser un hombre amo de otro es contrario a la naturaleza, porque la distinción entre libre y esclavo es convencional, y no hay diferencia natural entre los hombres; en consecuencia, se trata de una relación injusta, basada sobre la fuerza.

Pero si bien Aristóteles tiene en cuenta a los autores que sostienen semejante opinión, él, por su parte, admite el carácter natural de la servidumbre, cuya base filosófica encuentra en las diferencias que existen entre los hombres en cuanto al uso de la razón.

Son esclavos por naturaleza, afirma, aquellos cuya función estriba en el empleo del cuerpo, y de los cuales esto es lo más que puede obtenerse; es decir, hombres que "hasta tanto alcanzan razón que puedan percibirla, mas no la tienen en sí".

No es preciso exponer los pormenores del pensamiento de Aristóteles a este respecto, pero sí conviene subrayar dos aspectos importantes del mismo. En primer término, esa jerarquía racional en que descansa la servidumbre se relaciona con un orden general de la naturaleza que exige la sujeción de lo imperfecto a lo más perfecto. Tal principio explica, por ejemplo, el predominio del alma sobre el cuerpo, del macho sobre la hembra, etc. Lo mismo debe necesariamente ocurrir entre todos los hombres. Los prudentes o que poseen plenamente la razón deben dominar a los imperitos o bárbaros que no la alcanzan en igual grado. Y para éstos la servidumbre es una institución justa y conveniente. El otro aspecto a que debemos hacer referencia es que Aristóteles acepta el uso de la fuerza para la implantación del dominio de los hombres prudentes sobre los bárbaros. En efecto, asegura que del arte militar conviene usar contra aquellos que, siendo ya nacidos de suyo para ser sujetos, no lo quieren ser, como guerra que será naturalmente justa.

Suele interpretarse esta doctrina como una manifestación del sentimiento heleno de superioridad ante el mundo bárbaro. Pero no olvidemos que ya habían empezado a desarrollarse en el mundo clásico otras ideas cosmopolitas e igualitarias que no correspondían a tal actitud.[1]

---

[1] Un apunte que lleva el tema hasta los estoicos puede verse en M. Hadas, "From Nationalism to Cosmopolitanism in the Greco-Roman World", *Journal of the History of Ideas*, IV, Nº 1 (Enero, 1943), pp. 105-111.

El problema de la servidumbre se había hecho presente también entre los hebreos. En el *Levítico* (25.44-46) se tolera la adquisición del siervo y de la sierva que están en derredor, y de los hijos de los forasteros que viven entre los israelitas; se les puede poseer por juro de heredad, trasmitirlos a los descendientes del amo como posesión hereditaria y servirse de ellos perpetuamente. "Empero, en vuestros hermanos los hijos de Israel, no os enseñoraréis cada uno sobre su hermano con dureza." Jehová recuerda a los israelitas que son sus siervos, los cuales sacó de la tierra de Egipto, y por eso no serán vendidos a manera de siervos.

Esta norma refleja una disposición de ánimo más favorable para los miembros del grupo que para los que proceden de otros pueblos. La idea de la diferencia humana, religiosa y política, se asocia a una posibilidad de esclavizar a los extraños.

Semejantes preocupaciones llegan en el Mundo Antiguo hasta la Roma imperial, pero sobreviven también los gérmenes cosmopolitas que ya tuvo en cuenta Aristóteles, los cuales se enlazan con la doctrina de los estoicos acerca de la libertad del alma.

En Séneca hallamos la afirmación de que el cuerpo podrá ser esclavo, pero el alma es libre. Idea que permite rescatar la dignidad del hombre hasta en el estado social más miserable.

Los primeros Padres de la Iglesia recogen y modifican este legado ideológico. En el estado de inocencia no habría servidumbre, todos los hombres nacerían libres. Dios no quiso que el hombre dominase al hombre, pero la caída por el pecado hizo surgir la esclavitud, como otras instituciones del derecho de gentes que se comparan con medicinas amargas pero necesarias. Sin embargo, la igualdad y libertad de origen son en cierto modo indestructibles e inalienables; aun en la condición del mundo presente, si el cuerpo puede estar en sujeción, la mente y el alma son libres. El esclavo es capaz de razón y de virtud; hasta puede ser superior al hombre a quien sirve. Y en la relación con Dios, todas las diferencias de estado carecen de importancia. Los hombres, sean libres o esclavos, están llamados a una vida común en Cristo y en Dios, a reconocer en éste al Padre común, y a considerarse entre sí como hermanos.

Así se inicia la extraña convivencia del Cristianismo con la Esclavitud. La doctrina de Cristo no es de este mundo, por eso no exige la abolición de la servidumbre; pero no deja de influir, a consecuencia de sus principios espirituales, sobre las instituciones terrenas, en favor de la libertad.

En San Agustín volvemos a encontrar la creencia en la unidad intrínseca de la especie humana, predicada ya por el paganismo cosmopolita. De una parte recoge la inquietud sembrada por la fantasía de los viajeros acerca de los hombres monstruosos. Y de otra —para nosotros la fundamental— afirma que cualquier hombre nacido en cualquier región, es decir, animal racional mortal, por más inusitada que parezca a nuestros sentidos la forma o el color de su cuerpo, o movimiento, o voz, o fuerza en cualquier parte o calidad de la naturaleza, ninguno de los fieles dudará que trae su origen del primer hombre.

Esta hermandad racional que se sobrepone a las diversidades naturales es la que permite a San Agustín resolver, por lógica y no por experiencia de viajero, que o lo que se escribe de algunas naciones no es cierto, o si lo es, no son hombres, o si son hombres, sin duda descienden de Adán.

El texto agustino no se refiere concretamente a la servidumbre, pero lo recordamos ahora porque, al mantener la racionalidad general de la especie humana por consecuencia del acto de la Creación, abre paso a la idea generosa de la hermandad de todos los hombres. Y este concepto estaba llamado, más tarde o más temprano, a chocar con la doctrina que, apoyándose en las diferencias de razón, concluía por justificar el dominio de ciertos pueblos prudentes sobre otros que se consideraban incapaces y nacidos para la servidumbre.

Entre los juristas de la Edad Media todavía se encuentran huellas del pensamiento estoico y cristiano que niega el carácter natural de la esclavitud.

En la *Instituta* que redactaron los letrados del emperador bizantino Justiniano, entre 527 y 565, se lee que la servidumbre es constitución del derecho de gentes, por la cual el hombre es sujeto "contra natura", al dominio ajeno.

En *Las Partidas* del rey sabio don Alfonso X, concluidas entre 1263-1265, se encuentra vertido ese pensamiento a buena prosa castellana: "Servidumbre es postura et establescimiento qui ficieron antiguamente las gentes, por la qual los omes, que eran naturalmente libres, se facian siervos et se sometian a señorio de otri contra razon de natura." Además, en este cuerpo de leyes se explica que "la servidumbre es la más vil e la más despreciada cosa que los omes pueden ser y ca assi como es la más vil cosa deste mundo (que pecado non-sea), e la mas despreciada, assi la libertad es la más preciada e cara". Después de reconocer que "la servidumbre es cosa que aborrecen los omes naturalmente", se ofrece la conclusión siguiente: "Regla es de derecho que todos los juzgadores deben ayudar a la libertad, porque es amiga de la natura, que la aman, no tan solamente los omes mas aun todos los otros animales."

No significa tal reconocimiento teórico de la falta de naturalidad de la servidumbre que ésta sea condenada en la práctica de manera absoluta. Como había ocurrido desde la aparición del Cristianismo, el efecto sólo consistía en limar, pero no en quebrantar las cadenas.

En el Renacimiento resurge la tradición de libertad, no obstante que la era de los descubrimientos dio ocasión a un recrudecimiento de la trata de esclavos.

Un pensador tan influyente como Erasmo († 1536) recuerda que la naturaleza creó a todos los hombres iguales. La servidumbre fue sobrepuesta a la naturaleza, lo cual reconocieron aun las leyes de los paganos.

Juan Luis Vives († 1540) advierte que no hay nada que repugne tanto a un ánimo humano, y por su naturaleza libre y amante del derecho, como cualquier manifestación de servidumbre y esclavitud.

Dentro de la misma corriente, Bodino (1530-1596) escribe que si bien la esclavitud es antigua y generalizada, y aun natural cuando el hombre fuerte, rudo, rico e ignorante obedece al sabio, discreto y débil aunque sea pobre; en cambio, es contraria a la naturaleza cuando hace que los sabios sirvan a los tontos, los hombres entendidos a los ignorantes, los buenos a los malos. La experiencia de cuatro mil años ha demostrado que la esclavitud es peligrosa y dañina para la sociedad.

Los últimos ecos de este pensamiento habría que buscarlos en el siglo XVIII, cuando apasiona el problema de la abolición de la esclavitud de los negros.

Pero, si de una parte había subsistido la idea de que la servidumbre era contraria a la naturaleza, de otra no se había perdido la memoria de la doctrina de Aristóteles.

El monje dominico Guillermo de Moerbecke († 1281) traduce del griego al latín la *Política*. La idea de la servidumbre natural es acogida por la Escuela y llega, a través del Renacimiento, hasta los umbrales de la época moderna.

Acaso el texto medieval más influyente a este respecto haya sido el *Regimiento de los príncipes*, atribuido a Tomás de Aquino. Hoy sabemos que a partir del libro II, cap. IV se debe probablemente a la pluma de Tolomeo de Lucca († 1326 ó 27). Pero los autores de los siglos XIII a XVI lo ignoraban; y la autoridad, de suyo grande, que gozaba Aristóteles entre ellos, se veía reforzada por la supuesta aprobación del doctor Angélico.

El *Regimiento* recuerda que Tolomeo prueba en el *Cuadripartito* que las costumbres de los hombres son distintas según las diferencias de las constelaciones, por la influencia que los astros ejercen en el imperio de la voluntad. Esta explicación cosmográfica avanza hasta enlazarse con la idea de la servidumbre: cada país está sometido a las influencias celestes, y ésta es la razón porque vemos que unas provincias son aptas para la servidumbre, otras para la libertad.

Al amparo de Aristóteles, el autor del *Regimiento* sostiene que entre los hombres hay unos que son siervos según la naturaleza; pues faltos de razón por algún defecto natural, conviene reducirlos a obras serviles, ya que no pueden usar de la razón; por esto se dice que su estado es justo naturalmente.

En realidad, a juzgar por textos auténticos como la *Suma teológica*, Santo Tomás pensaba que ser un hombre siervo, considerado absolutamente, no encierra razón natural, sino sólo según la utilidad que de ello se sigue, en cuanto es útil al siervo ser regido por el más sabio, y a éste ser servido por aquél. La servidumbre del derecho de gentes es natural, no según razón absoluta, sino en este último sentido más restringido, o sea, por sus consecuencias útiles.

Sin embargo, el *Regimiento* no dejó de causar sus efectos, y la doctrina de la servidumbre natural se difundió por buen número de obras teológicas, canónicas y civiles.

Al ocurrir el descubrimiento de América, se pretendió justificar por medio de esa doctrina la dominación de los europeos sobre los indios, calificados de bárbaros; pero también se hizo presente la tradición favorable a la libertad humana. Libróse entonces magna batalla, cuyos ecos interesan vivamente a los polemistas del siglo XVIII.

De estos aspectos trataremos en las páginas que siguen.

El escocés Juan Maior, profesor nominalista en París, a quien hemos mencionado en relación con el tema de cristianos e infieles, parece haber sido el primer tratadista de la Escuela que aplicó el concepto aristotélico de la servidumbre natural al problema de gobierno planteado por el descubrimiento colombino.

Acepta, en su obra publicada en 1510, la explicación geográfica sobre el origen del estado de barbarie;

mas no en los términos generales que observamos en el *Regimiento de los príncipes,* sino aludiendo a los indios del Nuevo Mundo: "Aquel pueblo vive bestialmente. Ya Tolomeo dijo en el *Cuadripartito* que a uno y otro lado del Ecuador, y bajo los polos, viven hombres salvajes: es precisamente lo que la experiencia ha confirmado." En seguida Maior une esa proposición al argumento clásico de la servidumbre: "De donde el primero en ocupar aquellas tierras puede en derecho gobernar las gentes que las habitan, pues son por naturaleza siervas, como está claro." Invoca la autoridad del filósofo en la *Política* y recuerda el pasaje alusivo a que los poetas dicen que los griegos dominan a los bárbaros por ser éstos de su natural bárbaros y fieros.

Ni la explicación geográfica de la barbarie, ni la doctrina de la servidumbre por naturaleza representaban novedad alguna. Maior no calló, por cierto, sus fuentes de inspiración. Pero lo original era extender esas ideas al caso de América.

Por aquellos años la corona española había mandado reunir la famosa Junta de Burgos (1512), en la que teólogos y juristas disputaron sobre la conquista y el gobierno de las Indias.

En esa ocasión, Palacios Rubios escribió el tratado que ya analizamos desde otro punto de vista, pero que ahora debemos recordar por lo que contiene acerca del problema de la servidumbre. Distingue con claridad dos especies de ésta: la legal y la natural. En cuanto a la primera, explica que en el principio del mundo los hombres nacían libres y legítimos y la esclavitud era desconocida. La *Escritura* confirma esta aseveración: Dios creó al hombre para que dominase sobre las aves del cielo, los peces del mar y los animales de la tierra; porque quiso que el hombre racional, hecho a su imagen, dominase sólo sobre los irracionales, no que el hombre dominase a otro hombre. La naturaleza creó en cierto modo a todos los hombres iguales y libres. No hubo, pues, en un principio, cuando únicamente la naturaleza gobernaba a los hombres, y antes de que existiesen leyes escritas, ninguna diferencia entre el hijo natural y el legítimo, sino que los hijos de los padres antiguos se legitimaban por su nacimiento mismo, y la naturaleza los hizo libres a todos, como de padres libres. Fueron las guerras las que originaron la esclavitud.

Pero no se crea que Palacios Rubios está atacando la institución de la servidumbre aceptada en la sociedad de su época. Él formula tan sólo una doctrina acerca del origen de la esclavitud: el estado libre e igualitario no es propio del mundo caído en el pecado, sino de la edad primera de la inocencia. Dios concedió la libertad al género humano, mas las guerras, la separación de pueblos, la fundación de reinos y la distinción de dominios fueron introducidas por el derecho de gentes. Éste autorizó que lo capturado en la guerra pasase a poder de quienes lo capturasen, y que los vencidos, como premio de la victoria, fuesen esclavos del vencedor, a fin de incitar a los hombres a la defensa de su patria y a conservar vivos a los vencidos en vez de matarlos. En virtud del derecho mencionado, la esclavitud invadió la libertad; y los hombres, antes designados con un nombre común, comenzaron por derecho de gentes a ser de tres clases: libres, esclavos y libertinos.

Por lo que respecta a la servidumbre natural, explica con base en la *Política* de Aristóteles, en el *Regimiento* que atribuye a Santo Tomás y en la obra del mismo título de Egidio Romano, que el dominar y el servir son cosas necesarias y útiles. La naturaleza no falta en lo necesario. Unos hombres aventajan tanto a otros en inteligencia y capacidad que no parecen nacidos sino para el mando y la dominación, al paso que otros son tan toscos y obtusos por naturaleza que parecen destinados a obedecer y servir. Desde el momento mismo en que fueron engendrados, los unos son señores y los otros siervos.

Ya hemos visto, al estudiar el "Requerimiento", que Palacios Rubios consideraba que los infieles renuentes a someterse al dominio cristiano o que no admitían a los predicadores de la fe, daban causa a una guerra justa, y que podían ser esclavizados a consecuencia de ella. Tal esclavitud era de orden legal. Pero creía también que si los infieles no oponían resistencia y admitían a los predicadores, no obstante, como algunos de ellos eran tan ineptos e incapaces que no sabían en absoluto gobernarse, en sentido lato podían ser llamados esclavos, como nacidos para servir y no para mandar, según lo traía Aristóteles; y debían, como ignorantes que eran, servir a los que sabían, como los súbditos a sus señores.

O sea, contra el infiel que resiste se apela a la guerra y a la esclavitud legal; contra el obediente puede esgrimirse la servidumbre natural fundada en la ineptitud o barbarie.

Ahora bien, ya ha dicho Palacios Rubios que los segundos pueden llamarse esclavos "en sentido lato"; esto nos anuncia que uno y otro género de infieles no quedan reducidos a la misma suerte de gobierno. En efecto, explica nuestro autor que los segundos: "Son, sin embargo, libres e ingenuos... Se les llama siervos, es decir, sirvientes, y esta servidumbre tomada en sentido amplio fue introducida por obra del derecho de gentes, ya que es conveniente para el hombre imperito ser gobernado por el sabio y experimentado. Según esto, y habida cuenta de la utilidad, puede decirse que esa esclavitud fue introducida por el derecho natural." Palacios Rubios invoca la autoridad de Juan Maior en apoyo de este punto de vista.

En la práctica de Indias, es de creer que la servidumbre natural a que se refería Palacios Rubios, distinta de la estricta o legal, correspondería a la institución de las encomiendas. Lo importante era que el indio sometido a este régimen venía a ser considerado como hombre de condición libre, aunque sujeto a una servidumbre "en sentido lato".

Hacia la misma época, fray Bernardo de Mesa, de la Orden de los Predicadores, después de rechazar argumentos usuales en la polémica indiana, admitió tan sólo como razón de servidumbre natural de los indios la falta de entendimiento y capacidad y de firmeza para perseverar en la fe y en las buenas costumbres. Concedía suma importancia a la explicación geográfica que hemos visto aparecer en ocasiones anteriores: por ventura los indios son siervos por la naturaleza de la tierra, porque hay algunas tierras a las cuales el aspecto del cielo hace siervas y no podrían ser regidas si en ellas no hubiera alguna manera de servidumbre, como en Francia, Normandía, parte del Delfinazgo, donde los habitantes siempre han sido regidos muy a semejanza de siervos.[2] Fray

---

[2] Sobre las supervivencias feudales en provincias francesas, véase J. Millot, *Le régime féodal en Franche-Comté au xviiie. siècle*, Besancon, 1937.

Bernardo no dejó de tomar en cuenta, dentro de las circunstancias geográficas, la posición insular de los indios antillanos: la naturaleza de ellos no les consiente tener perseverancia en la virtud, quier por ser insulares, que naturalmente tienen menos constancia, por ser la luna señora de las aguas en medio de las cuales moran, quier por los hábitos viciosos que siempre inclinan a semejantes actos.

Esta doctrina, tan poco halagadora para los isleños en general, halló oposición franca de parte de otros autores, entre ellos Las Casas, quien escribía: "Fuera bien preguntar a aquel padre, y yo se lo preguntara cuando lo conocí después, si supiera que tal parecer había dado, si los insulares de Inglaterra, y de Sicilia, y de Candía, o los más cercanos de España, los baleares, o mallorquines, fuera bien repartirlos entre otras gentes, porque la luna señorea las aguas. Item, los de Normandía y parte del Delfinazgo, si los repartieron como hatajos de ganados, por razón de predicarles la fe o poner en policía, y otras virtudes dotarlos."

Este episodio muestra el grado de influencia que suele ejercer la pauta científica de una época sobre su concepción política.[3]

Fray Bernardo de Mesa suscribió finalmente la teoría de un gobierno intermedio entre la libertad y la esclavitud: los indios no se pueden llamar siervos, aunque

[3] Otro ejemplo curioso ofrece el tratado de Diego Cisneros, *Sitio, naturaleza y propiedades de la ciudad de México. Aguas y vientos a que está sujeta y tiempos del año. Necesidad de su conocimiento para el ejercicio de la medicina, su incertidumbre y dificultad sin el de la astrología así para la curación como para los pronósticos*, México, 1618. Con lo que tenemos buenas mezclas de higiene y climatología, astrología y medicina, geografía y política.

para su bien hayan de ser regidos con alguna manera de servidumbre, la cual no ha de ser tanta que les pueda convenir el nombre de siervos, ni tanta la libertad que les dañe.

Bueno es recordar que se trata de los comienzos del siglo XVI, y que es una de las primeras ocasiones en que Europa piensa el problema colonial. Mesa sentencia teóricamente, pues no conoce a los americanos. Pero estos autores que escriben por los años de la Junta de Burgos, no abogan por una servidumbre estricta de los indios, sino más bien por una situación mixta.

Así cierto licenciado Gregorio, consultado en la propia ocasión, habla de una "servidumbre cualificada"; y le parece que el mandato del rey acerca de que los indios sirvan a los cristianos en los repartimientos es justo, con tal de que los indios sean bien tratados y mantenidos y haya visitadores para castigar los excesos.

En 1519, el obispo de Darién, fray Juan Quevedo, recuerda la doctrina de la servidumbre natural, y considera a la manera escolástica que para aplicarla son necesarios tres requisitos: 1) que el señor exceda al siervo en prudencia y razón, y que el siervo carezca del todo de éstas; 2) que sea de tanta utilidad el señor al siervo como éste al señor; 3) que el siervo natural no sea compelido por cualquier persona a servir al señor natural, sino por el príncipe o persona con autoridad pública.

Quevedo creía que estas condiciones no concurrirían en el caso de los indios; por faltar la autoridad del Rey y porque sólo había utilidad del señor y no del siervo. De paso aclaraba que el siervo natural, en el Nuevo Mundo, correspondía al indio que vulgarmente era llamado *naboría*; es decir, un siervo del español aunque no podía legalmente venderse. Otra vez se hacía referencia a un estado intermedio entre la esclavitud y la libertad. Las ideas de Quevedo encontraron una firme oposición de parte de Las Casas, quien no parece haberlas estudiado con sumo cuidado.

Es fácil concluir que a la sombra de la doctrina de la servidumbre natural se venían dilucidando dos problemas: el del derecho de gentes relativo a los títulos que podían invocar los españoles para dominar a los indios; y el propiamente institucional o de la forma de gobierno a que se sujetarían éstos dentro de la Colonización. Se trataba particularmente de la suerte de los indios antillanos y de Tierra Firme. Las culturas mayores de América no habían sido subyugadas por estos años anteriores a 1519.

Con posterioridad entra en escena Ginés de Sepúlveda. No es un representante más de la Escolástica, sino un hombre de formación renacentista que ha frecuentado en Italia el círculo aristotélico de Pomponazzi. Lee al filósofo en su idioma original y traduce elegantemente al latín la *Política*. Escribe su *Democrates alter,* que es un diálogo sobre la guerra contra los indios, en 1547, cuando ya se conocen los pueblos de México, Yucatán y Perú; pero el espectáculo de estas culturas indígenas más desarrolladas no templa en nada el menosprecio que siente por la barbarie de los indios. Como fiel discípulo del pensador clásico, trata el problema de las relaciones de los españoles con los indios de manera semejante a como los griegos solían situarse ante los bárbaros.

En el diálogo aludido figuran como interlocutores: Demócrates, portavoz del autor, y Leopoldo, un alemán

Juan de Ginés de Sepúlveda (1490-1573), partidario de la servidumbre natural

algo contagiado de luteranismo, cuyo papel consiste en presentar las objeciones y dificultades.

Sin rodeos, comienza Demócrates por sentar esta afirmación: "Bien puedes comprender ¡oh Leopoldo! si es que conoces las costumbres y naturaleza de una y otra parte, que con perfecto derecho los españoles imperan sobre estos bárbaros del Nuevo Mundo e islas adyacentes, los cuales en prudencia, ingenio, virtud y humanidad son tan inferiores a los españoles como los niños a los adultos y las mujeres a los varones, habiendo entre ellos tanta diferencia como la que va de gentes fieras y crueles a gentes clementísimas, de los prodigiosamente intemperantes a los continentes y templados, y estoy por decir que de monos a hombres."

Sepúlveda había leído toda la *Política* y recordaba el pasaje relativo a que era justo someter con las armas, si por otro camino no fuese posible, a aquellos que por condición natural debían obedecer a otros y rehusaban su imperio. Esta guerra era justa por ley de naturaleza, según lo declaraban los filósofos más grandes.

Bastaba, por lo tanto, la diferencia que Sepúlveda advertía entre la razón de españoles e indios para justificar el imperio de los unos sobre los otros, pudiendo recurrirse a las armas en caso necesario.

Entre las causas que originaban el gobierno *heril* o del amo, propio de ciertas naciones, admitía Sepúlveda las siguientes: ser siervo por naturaleza por nacer en ciertas regiones y climas del mundo; la depravación de las costumbres u otro motivo que impida contener a los hombres dentro de los términos del deber. Creía que ambas razones concurrían en el caso de los indios.

Pero más adelante, sin prestar excesiva atención a la

causa geográfica de la servidumbre, cuya naturaleza parecía exigir cierta inmutabilidad de orden físico, Sepúlveda proclamaba el carácter civilizador que correspondía a ese imperio sobre los bárbaros. No se trataba tan sólo de que los hombres prudentes se sirviesen de ellos, sino de que los elevasen a un grado mayor de razón y a costumbres mejores hasta donde su condición lo permitiese. Por eso nuestro autor comparaba a España con Roma, y añadía: "¿Qué cosa pudo suceder a estos bárbaros más conveniente ni más saludable que el quedar sometidos al imperio de aquellos cuya prudencia, virtud y religión los han de convertir de bárbaros, tales que apenas merecían el nombre de seres humanos, en hombres civilizados en cuanto pueden serlo; de torpes y libidinosos, en probos y honrados, de impíos y siervos de los demonios, en cristianos y adoradores del verdadero Dios? Ya comienzan a recibir la religión cristiana, gracias a la próvida diligencia del César Carlos, excelente y religioso príncipe; ya se les han dado preceptores públicos de letras humanas y de ciencias, y lo que vale más, maestros de religión y de costumbres. Por muchas causas, pues, y muy graves, están obligados estos bárbaros a recibir el imperio de los españoles conforme a la ley de naturaleza, y a ellos ha de serles todavía más provechoso que a los españoles, porque la virtud, la humanidad y la verdadera religión son más preciosas que el oro y que la plata."

Sepúlveda no pasó por alto la diferencia que los escolásticos establecían entre la servidumbre estricta del derecho y la natural; antes le fue fácil, bajo la forma del diálogo, destacar estos matices.

El incansable Leopoldo pregunta a Demócrates:

"¿Crees tú que hablan de burlas los jurisconsultos (que también atienden en muchas cosas a la ley natural), cuando enseñan que todos los hombres desde el principio nacieron libres, y que la servidumbre fue introducida contra naturaleza y por mero derecho de Gentes?" De esta suerte, el autor introduce hábilmente en el diálogo la idea de la libertad natural.

Pero contesta Demócrates: "Yo creo que los jurisconsultos hablan con seriedad y con mucha prudencia; sólo que ese nombre de servidumbre significa para los jurisperitos muy distinta cosa que para los filósofos: para los primeros, la servidumbre es cosa adventicia y nacida de fuerza mayor y del derecho de gentes, y a veces del derecho civil, al paso que los filósofos llaman servidumbre a la torpeza de entendimiento y a las costumbres inhumanas y bárbaras."

La diferencia que advertían los escolásticos entre la servidumbre legal y la natural equivalía, por lo tanto, a la que Sepúlveda establecía entre el sistema de los jurisperitos y el de los filósofos.

A consecuencia de ello llegó nuestro autor, en la práctica de Indias, a distinguir la suerte de los naturales que resistían a los españoles de la de aquellos que por prudencia o temor los obedecían. Así como de la fortuna y libertad de los primeros podía decidir a su arbitrio el vencedor, así el reducir los otros a servidumbre y despojarlos de sus bienes sería acción injusta, por no decir impía y nefanda. Sólo era lícito tenerlos como estipendiarios y tributarios según su naturaleza y condición.

Esto último conducía de nuevo al gobierno mixto o intermedio entre la libertad y la esclavitud, de que hablaron los tratadistas anteriores cuando pretendían justificar las encomiendas, servicios y tributos de los indios en beneficio de los españoles.

No es extraño que las razones de Sepúlveda hayan merecido el aplauso de los conquistadores de México, a tal punto que el Ayuntamiento acordó obsequiarle "algunas cosas desta tierra de joyas y aforros hasta el valor de doscientos pesos de oro de minas".

En suma: la doctrina de Sepúlveda era inseparable de la tutela del bárbaro por el prudente, pero podía ser ajena a la esclavitud del derecho.

En el *Democrates alter* se aborda otro aspecto de la cuestión internacional que resulta de indudable interés para los lectores de nuestra época.

El alemán Leopoldo hace esta embarazosa pregunta: "¿qué sucederá si un príncipe, movido no por avaricia ni por sed de imperio, sino por la estrechez de los límites de sus estados o por la pobreza de ellos, mueve la guerra a sus vecinos para apoderarse de sus campos como de una presa casi necesaria?"

A lo que responde Demócrates: "Eso no sería guerra sino latrocinio." Opinión que comparte Vitoria, a quien parece ocioso disputar sobre tal cosa, pues cada parte podría alegar lo propio y se llegaría, no a la justicia, sino al caos.

No obstante el tono rotundo de estas respuestas, no podemos olvidar que a principios del propio siglo XVI había planteado el inglés Tomás Moro, con singular penetración, la dificultad del problema colonial moderno. Cuando su isla imaginaria se encuentra sobrepoblada, se funda una colonia en algún sitio del Continente donde los naturales tienen tierras sobrantes y sin cultivar

La colonia se rige por las leyes de Utopía, y acoge a los indígenas que desean vivir en ella. Unidos así en comunidad de instituciones y de costumbres, se funden fácilmente para bien de unos y otros; y los utopienses, con su experiencia, fertilizan una tierra considerada antes como pobre y estéril. A los nativos que se niegan a vivir con arreglo a las leyes utópicas, les expulsan de sus territorios y se los apropian. Si resisten, les declaran la guerra, pues consideran suficiente motivo para hacerlo el que un pueblo que no utiliza la tierra, dejándola infecunda y despoblada, impida su posesión y disfrute a otros que por ley natural tienen derecho de hallar en ella alimento.

El aire de esta doctrina es más moderno y económico que el de la teoría de Sepúlveda, puesto que Moro concede preferencia al criterio del aprovechamiento del recurso natural baldío por el pueblo más industrioso. Pero todavía en la doctrina del canciller inglés la expansión colonial requiere que la tierra que va a ocuparse esté infecunda; y se concede al grupo nativo la oportunidad de fundirse voluntariamente con el pueblo colonizador.[4]

Más tarde, la necesidad y el derecho de expansión del pueblo sobrepoblado se afirmarían sin restricción alguna, y sin miramiento para los otros hombres, como ocurre en la teoría hitleriana del "espacio vital".

[4] Pueden encontrarse en la literatura inglesa otras huellas de la doctrina favorable a la expansión del pueblo sobrepoblado. Por ejemplo, Jacob Vanderlint, *Money Answers All Things* (1734), ed. J. H. Hollander, Baltimore, 1914, p. 122, después de alabar "Peace and Plenty" sobre todas las cosas, sostiene que una guerra de agresión es justificable si tiene por objeto: "fighting for Territory when we are over-peopled, and want Land for them, which our Neighbours have but will not part with on amicable and reasonable Terms". Cit. por K. E. Knorr, *British Colonial Theories, 1570-1850*, Toronto. The University of Toronto Press, 1944, p. 73.

Lo cierto es que desde el siglo xvi ya se vislumbra la disyuntiva que acompaña al desarrollo del imperialismo moderno: o se acepta la atribución providencial o natural a cada pueblo de los recursos de la tierra en que vive, dejando a salvo las necesidades y la justificación del comercio internacional; o se resuelve que el reparto del suelo y de los hombres debe servir a los fines absorbentes de los grupos "superiores" o más fuertes.

A dar respuesta a esta compleja cuestión se enderezan —en términos que tratan de ser conciliatorios— tanto las soluciones cristianas como las renacentistas del pensamiento español del siglo xvi, constituyendo un valioso antecedente de la teoría colonial moderna.

La memoria de Sepúlveda no se perdió por completo entre los autores de habla hispana, a pesar de que otras ideas prevalecieron en la corte, en la Iglesia y en el ambiente universitario y letrado, según veremos después. Se encuentran, por ejemplo, influencias del filósofo cordobés en el curioso tratado de fray Benito de Peñalosa y Mondragón, *Libro de las cinco excelencias del español que despueblan a España para su mayor potencia y despoblación*, publicado en Pamplona en 1629. Este Peñalosa era monje benito, profeso de la Real Casa de Nájera; había viajado por el Perú y visitado Potosí.

Explicaba en defensa de la justicia con que los españoles entraron en las Indias Occidentales, quitando a los emperadores el Inga del Perú y el Gran Motezuma de México y a otros reyes y grandes caciques, sus tierras, reinos y señoríos, que los indios eran "tan sumamente bárbaros e incapaces, quales nunca se podrá imaginar cauer tal torpeca en figura humana: tanto, que los Españoles que primero los descubrieron, no podían persuadirse que tenían alma racional, sino quando mucho, un grado mas que micos, o monas, y no formauan algunos escrúpulo de cebar sus perros con la carne dellos, tratándolos como a puros animales: hasta que haziendo largas informaciones la Santidad de Paulo III declaró que eran humanos, y que tenían alma como nosotros. La qual estaua como una tabla rasa (según dize Aristoteles del entendimiento que carece de toda cultura), sin rastro de pintura de la Imagen, y semejança de Dios, que en los primordios de la naturaleza humana, delineó a todos los humanos en las potencias de nuestra alma. Y finalmente parece carecían de aquella luz natural congénita que dize Dauid, tienen todos los hombres por Gentiles y remotos que estén de la noticia de la luz sobrenatural... Estando tan embueltos con tan increybles vicios, y torpezas, que casi de todo punto tenían muerta la luz de la razón natural".

Como prueba de la barbarie de los indios, refería Peñalosa que "en viendo cualquiera Español, huyan como fieras..." Lo que aprovecha un lector irónico para anotar en el margen del ejemplar que hemos consultado: "tenían Racón".

Concluía Peñalosa reflexionando que "así fue forçoso los Españoles tomasen las armas, o por mejor dezir, se hiziesen temer y reverenciar, donde la razón era imposible preualecer. Que en tal caso dizen los Doctores es muy lícito". Entre las autoridades cita a Ginés de Sepúlveda.

Más tarde, Domingo Muriel, jesuita que enseñó en la Universidad de Córdoba de Tucumán, trató de manera interesante la doctrina de la servidumbre, en sus *Rudimenta juris naturae et gentium,* obra publicada en Venecia en 1791, bajo el nombre de Cyriaco Morelli. Comenzaba por aceptar la idea del estado natural igualitario y libre; pero reconocía la existencia de una adaptación al estado social de los hombres, de donde desprendía la justificación de las instituciones de propiedad y esclavitud. Sus palabras merecen citarse: "El estado natural del hombre, de que se trata aquí, es el estado de igualdad puesto que todos los hombres constan de dos partes esenciales, es decir de cuerpo y alma. Es al mismo tiempo el estado de libertad que no admite la sumisión política ni civil, ni la compra del esclavo por el amo, ni las leyes humanas positivas, salvo que ellas sean declarativas o determinativas de la ley natural. La razón de todo esto se halla en la propia igualdad del estado natural tomado en sí y en cuanto es distinto del social; pues le repugna la desigualdad del imperante y del súbdito. Ahora bien, obsérvese por qué ciertas cosas pasan por ser contrarias a la naturaleza como la servidumbre y los dominios privados que, por otra parte, son conformes a la naturaleza. En efecto, se reputan contrarias porque son extrañas al estado natural de igualdad tomado en sí, ni concuerdan con su idea y concepto. Pero son conformes a este mismo estado porque, dada la suposición que la servidumbre y los dominios hayan sido introducidos por medio de pactos legítimos, el derecho natural dice que deben ser observados." Por eso Muriel había dicho antes: "El derecho de gentes es el mismo derecho natural adaptado al estado social de los hombres."

No era, en último término, una explicación de la servidumbre que se apartara mucho de la empleada por los juristas medievales, salvo el mayor énfasis que ahora se ponía en la idea del pacto.

Ya veremos en otro lugar que Muriel, influido por el jesuita del siglo xvi, Acosta, no había olvidado la diferencia establecida de antiguo entre la servidumbre estricta y la natural.

En lo que respecta a los indios de América, Muriel hizo esfuerzos por conciliar la idea de la razón natural común a todos los hombres con la impresión poco satisfactoria que había recibido de la capacidad de los indígenas meridionales.

Al examinar el derecho de dominio correspondiente a los indios del Nuevo Mundo, aseguró que tenían muy confusos y oscuros el derecho natural y de las gentes, así como la razón misma, confusión y oscuridad que provenían, no de la esencia de aquel derecho y de la razón, "que es siempre igual, pero sí de su uso y aplicación". Reconocía que los indios poseían el dominio sobre las cosas y que privarles de él sin causa era cometer una injusticia. "Pero aquel derecho lo tienen más débil que las demás naciones; y no se requiere para privarlos de él, causa tan grave como para quitarlo a los demás pueblos, porque su vida y libertad, así como la vida y libertad ajena, la juzgan cosa de poca importancia."

Obsérvese que Muriel, de acuerdo con la tradición escolástica, hace descansar el derecho de dominio sobre la facultad racional del hombre. El indio sí posee esta facultad, pero atenuada, por lo que también su derecho de dominio resulta más débil y precario.

La teoría no es idéntica a la de Sepúlveda, pero guarda cierto parentesco con ella.

Es importante saber que Muriel llegó a componer una obra intitulada: "Jus naturae et gentium apud Indos meridionalis attenuatum, cur?"; pero el Santo Oficio de Roma no dio licencia para imprimirla, y el original no fue devuelto al autor.

Muriel parecía conocer a fondo las ideas de Sepúlveda, por lo que no aceptó las interpretaciones corrientes acerca de lo que el filósofo cordobés quiso decir.

Sabía por Acosta que las Universidades de Salamanca y Alcalá condenaron la tesis de Sepúlveda, pero comentaba que en la censura de esos establecimientos no se dijo cuál era la doctrina no sana del libro condenado.

Advirtió que en el argumento de Sepúlveda, no solamente los pecados contra la naturaleza eran un motivo para hacer la guerra a los indios —título que según la opinión general de las escuelas, reconocía Muriel, no bastaba para decretar la guerra y la esclavitud—, sino que también se había tenido en cuenta la utilidad que de ella resultaba para los vencidos, pues de esta manera se hallaban en mejor aptitud para convertirse a la fe.

No creía que Sepúlveda hubiese aceptado la compulsión para que el gentil abrazara la fe; sino que se podía hacer la guerra a las naciones a fin de que, una vez sometidas, pudiesen ser conducidas más fácilmente a la fe.

Dada esta manera tan atenta y fiel de leer a Sepúlveda, no es extraño que el Abate Nuix, al publicar en 1783 sus *Reflexiones imparciales*, que tenían por mira reivindicar a los españoles, dijera que se valió de Muriel: "como una de mis guías más iluminadas". La relación ideológica entre ambos autores dieciochescos parece indudable, a pesar de la dificultad que hallamos para conciliar la cronología de sus impresos. Nuix, por su parte, rechazaba la acusación hecha por De Pauw en el sentido de que Sepúlveda abogaba por la esclavitud y el exterminio de los indios.

El jesuita de Córdoba de Tucumán, en dos pasajes por lo menos, hizo observaciones a la notable figura de su Compañía del siglo xvii, Francisco Suárez: en uno, para indicar que se equivocó al escribir que Sepúlveda defendió el uso de la compulsión para que el gentil abrazara la fe; y en otro, para comentar que en tiempos de Suárez —como éste decía— no se habían descubierto tribus tan rudas que fuese imposible reunirlas en sociedad y que no tolerasen que unas gobernasen a las otras; pero actualmente ya se encontraban y, por lo tanto, en virtud de la teoría del propio Suárez, se las podía, con cualquier motivo, compeler a adquirir cierto grado de civilización.

Creemos descubrir en estas palabras un eco de la experiencia rioplatense que Muriel había obtenido en el propio terreno.

En fin, Muriel opinaba que, según el derecho natural, tanto los bárbaros americanos como los africanos podían ser reducidos a esclavitud, pero distinguiendo los casos justos de los injustos.

Es oportuno advertir que la servidumbre natural, tan pronto referida a los indios como a los negros, no sólo contó con defensores en el ambiente letrado de los siglos xvi a xviii. En la práctica de la Colonización se apoyó en un sentimiento favorable a la separación de castas y al predominio de los blancos sobre las otras razas. El mestizaje con el indio y con el negro acaso moderó estos prejuicios; pero sería un error histórico desconocer la existencia de ellos, así como sus repercusiones en la vida institucional de Indias.

Existen ciertos testimonios del siglo XVI en que los conquistadores expresan su menosprecio por el indio. En cuanto al negro, ofrece buena muestra de actitud semejante una petición del Ayuntamiento de Caracas, a fines de la época colonial, en que se opone a las gracias concedidas por la Corona a los pardos; pues alega que son gentes "por su natural soberbias, ambiciosas de los honores y de igualarse con los blancos, a pesar de aquella clase inferior en que los colocó el autor de la naturaleza".[5]

Es evidente, por lo expuesto, que el ideario de Sepúlveda no se olvidó del todo a lo largo del predominio español en América; pero así como fue atacado por tenaces opositores desde el siglo XVI, su recuerdo no fue grato a muchos tratadistas dieciochescos, según se verá después. En general, éstos presentaron a Sepúlveda como un abogado de la esclavitud de los indios, lo cual bastaba para irritar la sensibilidad filantrópica de la época.

En el siglo XIX se intentó una revisión de la doctrina de Sepúlveda a fin de establecer sus verdaderos alcances y hacer que se mirara a este autor con mayor comprensión y simpatía.

Menéndez y Pelayo escribía a fines de esa centuria,

[5] Algo similar se encuentra en un expediente del Archivo General de la Nación, México, Ramo de Guerra, Estante 48, Tomo 174, Año 1780. Se trata de causas sobre esclavos que solicitan buscar otro amo, en 1779. La dueña manifiesta que: "El espíritu de estos siervos no es otro que el de sacudir el yugo que les puso el derecho de las gentes haciéndose fugitivos, y con ello hurtar el servicio que deben tributar." Mientras el esclavo prueba el mal tratamiento, queda en depósito. Al fin se decreta la venta. La dueña pide un precio excesivo, por lo que se tasan en 150 pesos la pareja de esclavos y la hija de un año.

en una España que estaba a punto de perder los últimos vestigios del Imperio que Sepúlveda vio nacer, que "Fray Bartolomé de las Casas trató el asunto [de la dominación de los indios] como teólogo tomista, y su doctrina, sean cuales fueren las asperezas y violencias antipáticas de su lenguaje, es sin duda la más conforme a los eternos dictados de la moral cristiana y al espíritu de caridad. Sepúlveda... trató el problema con toda la crudeza del aristotelismo puro tal como en la *Política* se expone, inclinándose con más o menos circunloquios retóricos a la teoría de la esclavitud natural. Su modo de pensar en esta parte no difiere mucho del de aquellos modernos sociólogos empíricos y positivistas que reclaman el exterminio de las razas inferiores como necesaria consecuencia de su vencimiento en la lucha por la existencia... no hay duda que si en la cuestión abstracta y teórica Las Casas tenía razón, también hay un fondo de filosofía histórica y de triste verdad humana en el nuevo aspecto bajo el cual Sepúlveda considera el problema".

Dos rasgos de este comentario reclaman nuestra atención: la doctrina de Sepúlveda responde a un fondo de filosofía histórica y de verdad humana; y detrás de Sepúlveda, realista de la política colonial, han venido otros imperios con su filosofía de la lucha de las razas y el predominio de las más aptas. Pero Menéndez y Pelayo, no obstante ser el traductor y primer editor del *Democrates alter*, se olvida o desconfía del sentido moral y civilizador del imperialismo de Sepúlveda, pues no lo considera muy apartado de la doctrina empírica que acepta el exterminio de las razas inferiores. Con esto pasa por alto o acorta en extremo la distancia que separa a la idea colonial renacentista —que procura en lo posible la elevación del hombre bárbaro a la razón por medio del imperio del culto— del naturalismo positivista que contempla, y a veces aplaude, la lucha de los seres que se destruyen unos a otros. Además de ser ésta una diferencia teórica, lo es práctica, porque una obra colonial cristiana y civilizadora no puede equipararse a escuetos imperialismos económicos a base de factorías y capataces del trabajo nativo. Recuérdese que Sepúlveda pretendía trocar valores morales, como la virtud, la humanidad y la religión, por el oro y la plata que los dominadores extraerían del suelo poblado por los indígenas tutelados.

La justificación última del imperialismo renacentista venía a depender de este intercambio de bienes, merced al cual se propiciaría la expansión del mundo civilizado a costa del bárbaro.

La revaluación de Sepúlveda continuó en el siglo xx, por extraña pero explicable paradoja, en el mundo inglés.

A. G. Bell, después de estudiar serenamente el *Democrates alter*, recalcó que el tratadista español no abogaba por la esclavitud, sino que trazó una distinción entre la sujeción civil y la heril; no defendió la conversión forzosa al cristianismo; y abiertamente desaprobó el robo y el mal tratamiento de los nativos. El retrato deforme de Sepúlveda se debía, según este escritor, a la escasa seriedad de Las Casas. Las miras imperialistas humanas y sanas de Sepúlveda fueron confundidas con la defensa del tráfico de esclavos.

Otro autor inglés posterior, J. H. Parry, ha enjuiciado la obra colonial española como un imperialismo precoz, digno de ser estudiado en la actualidad.

Ya poco se habla, ciertamente, de la servidumbre natural de los bárbaros; pero esto no significa que el problema a que responde semejante doctrina haya dejado de existir.

A principios del siglo xx, por ejemplo, no faltó quien defendiese en el Parlamento de Inglaterra que la esclavitud de los negros estaba de acuerdo con el orden divino de la naturaleza.[6] En la segunda mitad de ese siglo, resurgió la concepción jerárquica de la vida con singular fuerza.[7]

El conde de Gobineau (1816-1882), en su *Essai sur l'inégalité des races humaines*, que apareció entre los años de 1853 y 55, sostuvo que el grupo de pueblos de raza blanca llamados arios, y particularmente la rama germánica del antiguo tronco, había proporcionado a todo el mundo los organizadores de la sociedad humana. Sólo ellos, de hecho, habían sido dotados por Dios de habilidad verdadera para gobernar; y estaban llamados a dirigir, para su propio bien, a los otros grupos humanos y a preservarlos de arruinarse en una decadencia anárquica. Sólo ellos habían sabido fundar, por conquista, Estados fuertes y duraderos, cunas y refugios de grandes civilizaciones.

[6] Es de tener presente que también se encuentran testimonios en lengua inglesa que se oponen a la corriente guerrera y esclavista. Por ejemplo, John Quincy Adams, *Writings*, VII, 201, observa que todas las guerras, aun las que se libran por la libertad, tienden a desembocar en el imperialismo. Y Henry Clay afirma que es despreciar las disposiciones de la Providencia, el suponer que ha creado seres incapaces de gobernarse a sí mismos. Cit. por A. K. Weinberg, *Manifest Destiny*, Baltimore, 1935, pp. 307-308.

[7] Véase como apreciación de conjunto, Th. Simar, *Étude critique sur la formation de la doctrine des races au xviiie. siècle et son expansion au xixe. siècle*, Mémoires de l'Académie Royale de Belgique, Bruselas, 1922.

Se restablecía, de esta suerte, la clasificación desigual de los pueblos; pero ahora ya no descansaba sobre la diferencia de razón, como ocurría en el imperialismo clásico y renacentista, sino sobre el concepto romántico de raza: la una hábil para el gobierno, y las demás llamadas por su propia conveniencia a sujetarse a la primera.

Tocqueville (1805-1859), comentando la teoría de Gobineau, hacía ver que seguramente Julio César, de haber tenido tiempo, hubiera escrito un libro para probar que los bárbaros, germanos en su mayor parte, no eran de la misma especie que los romanos, y que mientras éstos estaban destinados por la naturaleza a dominar al mundo, los otros estaban llamados solamente a vegetar en un rincón.

En realidad, no fue un giro feliz el que condujo en la historia del imperialismo a basar la jerarquía de los pueblos sobre el concepto impreciso e históricamente variable de la raza.

Buena prueba de ello es que mientras Gobineau creía que los alemanes de su época eran escasamente germánicos a causa de la mezcla abundante con sangre celta o eslava, el hegeliano Heinrich Leo (1799-1878) sostenía que la raza celta, ya fuese en Irlanda o en Francia, se movía siempre por un impulso bestial, en tanto que los alemanes sólo obraban bajo el impulso del pensamiento o de inspiraciones verdaderamente santas.

Es sabido que el inglés germanizado Houston Stewart Chamberlain (1855-1927), se convirtió en apóstol del misticismo teutónico. La doctrina se ramificó en los Estados Unidos, produciendo efectos sensibles en lo que respecta a las relaciones con minorías raciales. La concepción esclavista se apoyó en ese país, tanto en la doctrina aristotélica de la desigualdad natural, como en el romanticismo racial de Gobineau y Chamberlain, llegando a producir expresiones tan vivas como ésta del periódico *Enquirer* de Richmond: "Es por medio de la guerra como se conquistan las razas bárbaras y por la esclavitud son reducidas al trabajo y a las formas de la vida civilizada. La esclavitud y la guerra han sido, pues, los dos grandes nuncios de la civilización." [8]

No dejó de haber algunas proyecciones de esa doctrina sobre los pueblos mestizos de Hispanoamérica, las cuales hubieran, probablemente, desconcertado a Sepúlveda.

Sin necesidad de llegar a los extremos racistas, de tan graves consecuencias hasta nuestros días, hallamos que en el siglo xix, dentro de la ideología del progreso, se pensó que todos los pueblos marchaban hacia una meta ideal de civilización; que por virtud de la distancia o cercanía a que se encontraban de ella, merecían calificativos de "atrasados" o "adelantados", correspondiendo a estos últimos tomar bajo su amparo a los otros para hacerlos progresar y, de camino, administrar sus riquezas naturales.

Llegó a hablarse del "deber de civilizar a las razas inferiores", que se interpretó como un "altruismo agresivo". No se olvidó tampoco el argumento religioso, como se observa en las palabras del presidente de los Estados Unidos, Mc Kinley, destinadas a justificar la política de su país hacia Filipinas, después de la guerra con España en 1898: "Ninguna otra cosa podíamos hacer sino tomar a los filipinos y educarlos; elevarlos, ci-

[8] Cf. O. Crenshaw, "The Knights of the Golden Circle", *The American Historical Review*, XLVII, Nº 1 (Octubre, 1941), pp. 23-50.

vilizarlos y cristianizarlos; y por la gracia de Dios, hacer por ellos —prójimos nuestros por quienes Cristo también murió— todo lo que estuviera a nuestro alcance."

Los mandatos coloniales después de la guerra de 1914-1918 todavía se fundaron teóricamente en la tutela civilizadora del pueblo adelantado sobre el inculto. En la actualidad se habla de fideicomisos, y la Organización de las Naciones Unidas ha creído prudente establecer un Consejo de Tutela entre sus órganos principales.[9]

Las ideas, el lenguaje y el ambiente histórico se han transformado del Renacimiento para acá; pero subsiste la dificultad intrínseca de la cuestión colonial.

Por eso, sobre el fondo de la experiencia internacional moderna aparecen más claros los contornos de la proposición renacentista acerca de la servidumbre por naturaleza, al amparo de la cual se realizaría el trueque del beneficio civilizador por las riquezas de las tierras sujetas. Esta doctrina constituye, a su vez, un antecedente imprescindible para la historia de las relaciones entre pueblos de diversa civilización.

[9] Fuera del ambiente propiamente institucional pero más cerca de las realidades del mundo contemporáneo, es de recordar una declaración del general Omar N. Bradley, jefe del Estado Mayor del Ejército de los Estados Unidos, hecha en Saint Louis, Missouri, el 30 de agosto de 1948, según la cual: "Norteamérica no tiene otra alternativa" que conservar un ejército de más de un millón de hombres. Hablaba ante numerosos delegados que asistieron a la sesión inaugural de la Cuadragesimonovena Asamblea de Veteranos Norteamericanos de Guerras Extranjeras. Comentó que ya se había pedido el reclutamiento de un contingente inicial de 10 000 hombres para el servicio militar en época de paz. Y manifestó que "la última guerra" demostró al pueblo norteamericano, que es precisamente en sus fuerzas armadas donde reside la mejor garantía de seguridad para las naciones que desean conservar su libertad, al mismo tiempo que la paz. "Siempre ha resultado más barato prevenir una guerra, que sostenerla." *Excélsior*, 31 de Agosto de 1948 (México, D. F., información de INS).

IV. LIBERTAD CRISTIANA

La doctrina de la servidumbre natural, invocada en el debate sobre el Nuevo Mundo, provocó la reacción crítica de escolásticos españoles que, apoyándose en la idea de la libertad cristiana, abogaron porque se tratara a los indios de manera más generosa y pacífica.

Los primeros dominicos arribaron a la Isla Española en 1510. El domingo anterior a la fiesta de Navidad, fray Antonio de Montesinos predicó su famoso sermón en defensa de los indios: "me he subido aquí, yo que soy la voz de Cristo en el desierto de esta isla.... Esta voz es que estáis en pecado mortal y en él vivís y morís, por la crueldad y tiranía que usáis con estas inocentes gentes... ¿Éstos no son hombres? ¿No tienen ánimas racionales?..."

Semejantes palabras disgustaron a las autoridades y a los colonos de la Isla. El rey Fernando el Católico las desaprobó tan pronto como tuvo noticia de ellas. Y lo propio hizo el Superior de la Orden de Santo Domingo en España, pero con esta salvedad: si el padre no puede en conciencia transigir con aquello que reprueba, debe regresar a la Península. Así ocurrió, y desde ese momento se desarrolla una campaña en favor de los indígenas de América que estaba llamada a repercutir tanto en la esfera de las ideas como en la más concreta de las instituciones de gobierno.

De aquel ambiente antillano surgió asimismo la figura de Las Casas, incansable "procurador en corte" por la causa de los indios, como le llamó uno de sus opositores.

En las juntas públicas, así como en consultas particulares, no faltó la voz cristiana que se alzaba en defensa de los indígenas. La polémica llegó a interesar a las mentes sobresalientes de las religiones y universidades de España, como lo demuestran las vigorosas aportaciones de Vitoria, Soto, Vázquez de Menchaca, Acosta, Báñez, Suárez, etc.

Sin entrar en minucias que no corresponden a la índole del presente estudio, veamos cómo se formó, en sus líneas fundamentales, la doctrina liberal que sirvió de inspiración al estatuto adoptado por España para gobernar a los naturales del Nuevo Mundo.

Hacia 1512, época en que se reunió la Junta de Burgos a la que ya hicimos referencia, uno de los miembros de ella que opinó a favor de la servidumbre natural, fray Bernardo de Mesa, de la Orden de los Predicadores, se hizo cargo de una objeción importante que habían formulado los defensores de la libertad de los indios. Éstos argumentaban que la incapacidad que se predicaba en los hombres de las Indias contradecía a la bondad y potencia de su Hacedor; porque cuando la causa produce efecto tal que no puede conseguir su fin, es por alguna falta de la causa, y "así será falta de Dios haber hecho hombres sin capacidad bastante para recibir fe y para salvarse".

Fray Bernardo retrocedía atemorizado ante esta proposición y aclaraba que ninguno de sano entendimiento podría sostener que en estos indios no había capacidad para recibir la fe cristiana y virtud que bastara para salvarse y conseguir el último fin de la bienaventuranza. Pero osaba decir que se advertía en ellos tan pequeña disposición de naturaleza y habituación, que para traerlos a recibir la fe y las buenas costumbres era menester tomar mucho trabajo, por estar ellos en tan remota disposición; y dado que recibieran la fe, su naturaleza no les consentía tener perseverancia en la virtud. De donde se seguía, según Mesa, que aunque los indios tuvieran capacidad para recibir la fe, no por eso dejaba de ser necesario tenerlos en alguna manera de servidumbre, para mejor disponerlos y para constreñirlos a la perseverancia, y esto era conforme a la bondad de Dios.

Se enfrentaba, así, la jerarquía clásica basada en la diferencia de razón a la enseñanza bíblica de la creación del hombre por Dios: "Y dijo Dios: Hagamos al hombre a nuestra imagen, conforme a nuestra semejanza... Y crió Dios al hombre a su imagen" (*Génesis*, I, 26, 27). Como el defecto esencial de la criatura podía entrañar una falta del Creador, fray Bernardo se veía en el caso de moderar la supuesta incapacidad del indio: no era posible en sentido absoluto, porque cualquier hombre podía recibir la fe y salvarse. Creía que las causas geográficas y los hábitos viciosos amenguaban la capacidad del indio; pero dentro de un principio optimista de dignidad humana racional, más pleno y firme que la habilidad intelectiva que Aristóteles concedía al bárbaro. Merced a un típico acomodo escolástico, Mesa estimaba que esta capacidad para recibir la fe era compatible con alguna manera de servidumbre natural basada en defectos de razón, ahora trocados prudentemente en pequeña disposición de naturaleza y hábito para recibir y conservar la fe y las buenas costumbres.

Entre Aristóteles y el Génesis procuraba Mesa guardar el equilibrio. Mas la aparición de los habitantes del

Nuevo Mundo infundía gravedad a estas preguntas: ¿era posible la irracionalidad de tantos hombres nuevos?, ¿hasta qué punto podía ella conciliarse con la idea de la recta Creación?, ¿a cuál grado de distinción humana cabía descender sin desdoro de los principios de la filosofía cristiana?

La antítesis entre la creación divina del hombre y los defectos de la criatura terrena era salvada comúnmente por los pensadores cristianos, ya por la idea de la naturaleza —mayordomo de Dios se diría en el siglo XVI— susceptible de errores, ya por la distinción entre el estado de inocencia y el del mundo caído en el pecado. Sin embargo, dada la magnitud del problema suscitado por la alegada incapacidad de los indios, se explica que surgieran objeciones que trató de sortear fray Bernardo de Mesa, sin haber logrado poner término a la polémica, según podrá apreciarse adelante.

A semejanza de un abogado que tratara de impresionar al juez con la acumulación de todas las razones favorables a su causa, Las Casas (1474-1566) se valió de diversos recursos ideológicos para proteger a los indios de las consecuencias de la doctrina de la servidumbre natural, particularmente de la guerra, la esclavitud y las encomiendas.

Analizó en primer término la situación de hecho: los indios no son irracionales ni bárbaros como suponen quienes los llaman siervos por naturaleza. Es una calumnia nacida de la ignorancia o de la mala fe e interesado juicio de los informantes. Por el contrario, gozan de razón, de capacidad moral y política, de habilidad mecánica, de buena disposición y belleza de rostros y cuerpos. Muchos de ellos hasta pueden gobernar a los españoles en la vida monástica, económica o política, y enseñarles buenas costumbres; aun pueden dominarlos con la razón natural, como dice el filósofo hablando de griegos y bárbaros.

No siempre el juicio de Las Casas se mantuvo en ese grado de exaltación, pues llegó a reconocer que los indios tenían algunos defectos que los apartaban de la perfección de ordenada policía; pero comparaba ese estado con el que antiguamente tuvieron todas las naciones del mundo "a los principios de las poblaciones de las tierras", e insistía en que no por eso los hombres del Nuevo Mundo carecían de buena razón para fácilmente ser reducidos a todo orden, social conversación y vida doméstica y política.

La difundida práctica de los sacrificios humanos constituía un obstáculo para la idealización de la cultura de los indios; sin embargo, nuestro audaz cristiano del siglo xvi no se arredró ante el problema, afirmando: "Las naciones que a sus dioses ofrecían en sacrificio hombres, por la misma razón mejor concepto formaron y más noble y digna estimación tuvieron de la excelencia y deidad y merecimiento (puesto que idólatras engañados) de sus dioses y, por consiguiente, mejor consideración naturalmente y más cierto discurso, y juicio de razón, y mejor usaron de los actos de entendimiento que todas las otras, y a todas las dichas hicieron ventaja, como más religiosas, y sobre todos los del mundo se aventajaron los que por bien de sus pueblos ofrecieron en sacrificio sus propios hijos".

Esta doctrina no puede sorprender a los antropólogos modernos; pero a Sepúlveda, en su polémica con Las Casas, le pareció "impía y herética".

Otro aspecto fundamental del ideario de Las Casas es el relacionado con su manera de explicar la "intención" que tuvo Aristóteles al sostener la doctrina de la servidumbre por naturaleza. En alguna ocasión aseguró fray Bartolomé que ella tocaba más bien al gobierno civil que a la esclavitud; o sea, que el filósofo sólo quiso explicar que la naturaleza provee algunos hombres hábiles para poder gobernar a los demás.

Pero como nuestro religioso no ignoraba que la teoría de la servidumbre venía expuesta en la parte de la *Política* referente a la administración de la familia, hubo de aceptar como "otra" enseñanza de Aristóteles: "que para cumplir con las dos combinaciones o compañías necesarias de la casa, que son marido y mujer, y señor y siervo, proveyó la naturaleza de algunos siervos por natura, errando ella que les faltase el juicio necesario para se gobernar por razón, y les diese fuerzas corporales para que sirviesen al señor de la casa, de manera que a ellos, siervos por natura, fuese provechoso, y a los que por natura fuesen señores de ellos, que es ser prudentes para gobernar la casa".

Esta explicación se acercaba más al concepto aristotélico de la servidumbre natural, aunque ya se ha visto que Las Casas tenía el cuidado de precisar que dicha servidumbre se producía cuando, por "error de la naturaleza", nacían hombres faltos del juicio necesario para gobernarse por razón. Más adelante volveremos sobre la raíz y el alcance de este importante agregado.

Seguía la afirmación habitual acerca de que la servidumbre expuesta no tocaba a los indios, porque no carecían de juicio de razón para gobernar sus casas y las ajenas.

Otro artificio de que se valió Las Casas para proteger a los indios de los efectos de la doctrina aristotélica de la servidumbre consistió en distinguir varias clases de bárbaros. Latamente lo eran las gentes que tenían alguna extrañeza en sus opiniones o costumbres, aunque no les faltara prudencia para regirse. Otros se consideraban bárbaros por carecer de caracteres y letras. Pero de estas dos maneras de hombres, comentaba Las Casas, nunca entendió Aristóteles que fuesen siervos por natura y que por esto se les pudiera hacer guerra. Fray Bartolomé sólo creía aplicable el argumento clásico a una tercera clase de bárbaros que, por sus perversas costumbres, rudeza de ingenio y brutal inclinación, eran como fieras silvestres que vivían por los campos, sin ciudades ni casas, sin policía, sin leyes, sin ritos ni tratos que fuesen de derecho de gentes; sino que andaban *palantes* como se decía en latín, es decir, robando y haciendo fuerza. De éstos podía entenderse lo que decía Aristóteles acerca de que, como era lícito cazar a las fieras, así era justo hacerles guerra, defendiéndonos de ellos y procurando reducirlos a policía humana. Pero los indios eran gente gregátil y civil y tenían bastante policía para que por esta razón de barbarie no se les pudiese hacer guerra.

Las Casas acomodaba así el hecho antropológico (más favorable que el aceptado por sus opositores) a un concepto de la barbarie dividido en convenientes géneros, para reducir la teoría de Aristóteles a lo que pensaba que debía significar.

La libertad de la interpretación permitía al pensador escolástico rodear de tantos distingos y condiciones a la doctrina pagana, que venía a decir lo que al intérprete convenía, no lo que Aristóteles había opinado como sabio de la cultura clásica.

Era natural que un pensamiento como el de la Escuela, que se desenvolvía aún bajo el peso de las autoridades, acabara por evadirlas mediante ágiles esfuerzos de interpretación, que venían a ser los conductos ortodoxos por los que se manifestaba el espíritu original de la época.

Y ya que encaramos la significación del principio de autoridad entre los escolásticos, no sobra advertir que en su forma más corrompida podía entrañar la abdicación del pensamiento propio ante el ajeno; pero el sentido correcto y profundo del mismo era ético. Vitoria decía con claridad: "En las cosas morales, el mejor argumento es el de autoridad, es el ejemplo de los santos y de los varones rectos..." Su conducta era la ejemplar, la que debía admirarse y seguirse. Era respetada asimismo la doctrina de varones semejantes, que se reputaba sabia y digna de ser aprendida.

En la época floreciente de la Escolástica ese acatamiento no ahogó el pensamiento nuevo ni impidió la adaptación del mismo a las circunstancias cambiantes, como lo demuestra la disputa de América.

En cuanto a la autoridad de Aristóteles, influía otro factor digno de ser tomado en consideración: ¿qué valor tenía la doctrina de un sabio gentil para los cristianos? Los varones admirables de la Antigüedad que murieron antes del advenimiento de Cristo, ¿se perdieron o se salvaron espiritualmente?; ¿era su doctrina congruente con la del Cristianismo?

Obsérvese que de la manera de resolver este problema mayor podía depender la actitud de los pensadores cristianos del siglo XVI ante el argumento clásico de la servidumbre por naturaleza.

Sepúlveda pensaba que, en términos generales, la doctrina aristotélica en nada o en muy poco difería de la cristiana, y confiaba en que Aristóteles se hallaría entre los bienaventurados.

En cambio, Las Casas insistía en la condición pagana del filósofo, el cual creía que "está ardiendo en los infiernos". Y recomendaba que tanto se usara de su doctrina cuanto con la santa fe y costumbre de la religión cristiana conviniere. Por eso, ante el conflicto entre la jerarquía clásica y la libertad e igualdad cristianas, fray Bartolomé se emancipaba de la autoridad del filósofo para proponer este elevado principio: "Nuestra religión cristiana es igual y se adapta a todas las naciones del mundo, y a todas igualmente recibe, y a ninguna quita su libertad ni sus señoríos, ni mete debajo de servidumbre, so color ni achaques de que son siervos a natura o libres."

Esta independencia ante la autoridad de Aristóteles no constituía una singularidad, como lo demuestran otras sentencias de autores españoles de los siglos XVI y XVII.

Por ejemplo, el primer obispo de México, fray Juan de Zumárraga, en la Conclusión exhortatoria de su *Doctrina breve,* afirma que sería una impía locura querer comparar la doctrina de Jesucristo con la de Aristóteles o con los preceptos filosofales.

Bartolomé de Albornoz, en una disputa acerca de la esclavitud de los negros, afirmaba que la guerra que se hacía contra ellos, ni según Aristóteles era justa, "y mucho menos según Jesucristo, que trata diferente filosofía que los otros".

Vázquez de Menchaca encontraba intolerable la audacia de Aristóteles, por no decir inexpiable maldad, al escribir que los hombres de ingenio torpe eran siervos por natura. Y en el propio lugar fustigaba a los escritores que, por adulación, alababan cualquier hecho o maldad de sus príncipes.

Acosta y Báñez sospecharon que Aristóteles, con su doctrina de la sujeción de los bárbaros, tal vez quiso lisonjear a Alejandro que deseaba sujetar todo el orbe.

Expresiones más libres sobre Aristóteles no vuelven a encontrarse hasta el siglo XVIII, cuando los autores, emancipados por efecto del Racionalismo del respeto a la autoridad, no vacilaron en discutir abiertamente la política del filósofo ni en contradecirla en puntos sustanciales.

Entonces, uno de los más avanzados censores españoles del argumento de autoridad, el padre Feijóo, diría que "Por grandes, por eminentes, por sublimes que sean o hayan sido las doctrinas y santidad de los escritores... no por eso se ha de tener por cierto lo que hayan escrito. Será, por consiguiente, lícito apartarse de su sentir de una u otra cosa cuando la razón nos persuade lo contrario." Este autor se llamaba a sí mismo "ciudadano libre de la República literaria, ni esclavo de Aristóteles, ni aliado de sus enemigos", dispuesto a escuchar siempre, con preferencia a toda autoridad privada, lo que le dictaran la experiencia o la razón.[1]

---

[1] Véase sobre el tema de la autoridad del filósofo, Benito Jerónimo Feijóo y Montenegro, "Mérito y fortuna de Aristóteles", en *Teatro crítico universal*, Madrid, A. Sancha, 1773, tomo IV, p. 125.

Pero al defender esta independencia de criterio, salvo en cuestiones religiosas definidas por la Iglesia Católica, el pensador dieciochesco podía considerarse continuador de una secular tradición e invocar el antecedente del notable teólogo del siglo xvi, Melchor Cano, quien en su tratado *De locis theologicis* había abierto semejante camino.

Volviendo al examen de la teoría de Las Casas, es preciso recordar aquella objeción que preocupó a fray Bernardo de Mesa tocante a que la irracionalidad de los indios no era congruente con la idea de la creación divina del hombre.

Ya sabemos que Las Casas sólo aceptaba la existencia, por "error de la naturaleza", de algunos hombres faltos de razón para gobernarse. El carácter excepcional de ese estado de "amencia" se explica a consecuencia de que nuestro religioso pensaba que normalmente, por efecto del acto de creación, la naturaleza humana ostenta un carácter racional. Por eso decía que los siervos por natura son estólidos y santochados y sin juicio o poco juicio de razón, "y esto es como monstruo en la naturaleza humana y así han de ser muy poquitos, y por maravilla". Un hombre y un animal nacen, por excepción, cojos o mancos, o con un solo ojo, o con más de dos, o con seis dedos. Lo mismo ocurre en los árboles y "en las otras cosas criadas, que siempre nacen y son perfectas, según sus especies, y por maravilla hay monstruosidad en ellas, que se dice defecto y error de la naturaleza; y mucho menos por maravilla esto acaece en la naturaleza humana, aun en lo corporal, y muy mucho menos es necesario que acaezca en la monstruosidad del entendimiento; ser, conviene a saber, una persona loca, o santochada o mentecata, y esto es la mayor monstruosidad que puede acaecer, como el ser de la naturaleza humana consista, y principalmente, en ser racional, y por consiguiente sea la más excelente de las cosas criadas, sacados los ángeles".

Las Casas consideraba que esos hombres carentes por excepción del conveniente juicio de razón para gobernarse eran los que por naturaleza se consideraban siervos, y como los indios resultaban ser tan innumerables, "luego imposible es, aunque no hubiésemos visto por los ojos el contrario, que puedan ser siervos por natura, y así, monstruos en la naturaleza humana, como la naturaleza obre siempre perfectamente y no falte sino en muy mínima parte".

O sea, según este religioso del siglo XVI que admite la enseñanza bíblica del mundo creado por Dios, la razón, signo distintivo del género humano, no puede faltar a los hombres en cualquier grado ni número.

Las Casas se emancipa, en el pasaje citado, de toda consideración de hecho. La antropología americana queda relegada a un discreto lugar secundario; en cambio, sobresale la idea apriorística de la naturaleza racional humana, así como la tendencia del género a conservar los atributos con que lo ha investido el acto divino de creación. Basta que los indios sean muchos para que no pueda convenirles el argumento de irracionalidad. Recuérdese la frase: "Imposible es, aunque no hubiésemos visto por los ojos el contrario, que puedan ser siervos por natura."

Todavía añade Las Casas, en la *Apologética historia*, para disipar cualquier duda, que calificar de bárbaros e irracionales a todos los pueblos o la mayor parte del

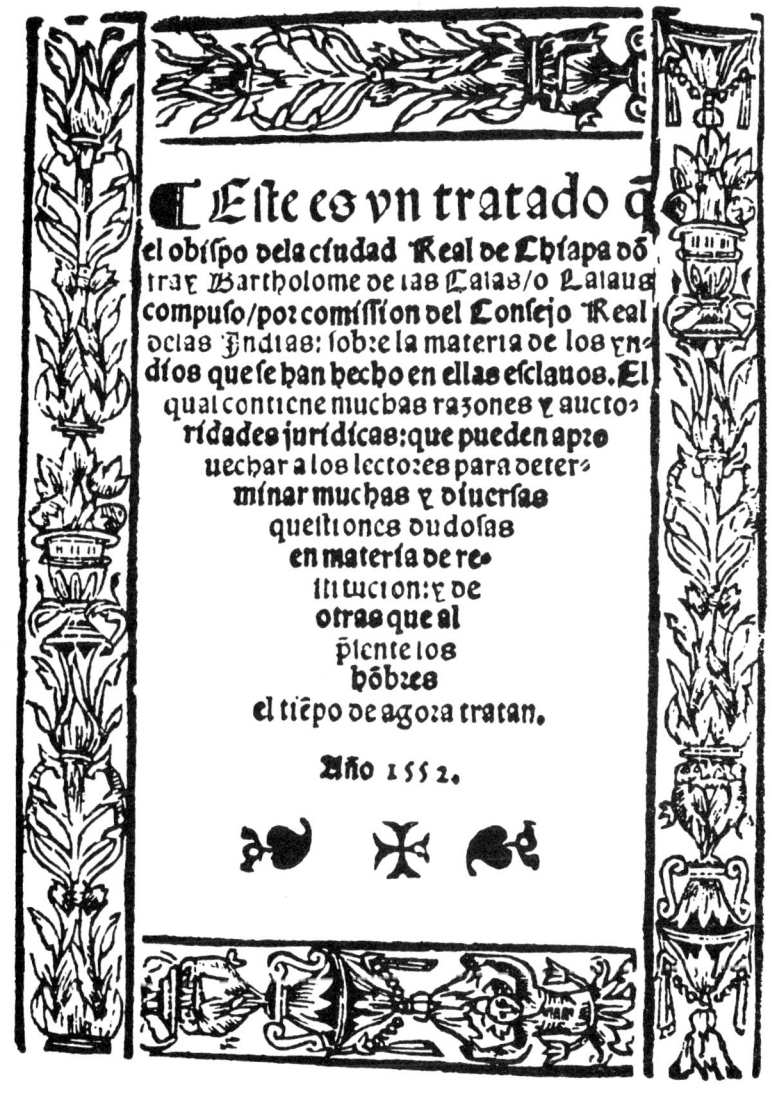

Éste es uno de los vigorosos alegatos de fray Bartolomé de las Casas en defensa de la libertad de los indios

Nuevo Orbe es tildar a la obra divina de un error magno que la naturaleza y su orden no pueden tolerar: "como si la Divina Providencia, en la creación de tan innumerable número de ánimas racionales, se hubiera descuidado, dejando errar la naturaleza humana, por quien tanto determinó hacer e hizo en tan cuasi infinita parte como ésta es, del linaje humano, a que saliesen todas insociales y por consiguiente monstruosas, contra la natural inclinación de todas las gentes del mundo".

De esta fundamental idea de creación deduce Las Casas la unidad intrínseca del linaje humano: "todas las naciones del mundo son hombres y de cada uno dellos es una no más la definición; todos tienen entendimiento y voluntad, todos tienen cinco sentidos exteriores y sus cuatro interiores, y se mueven por los objetos de ellos, todos se huelgan con el bien y sienten placer con lo sabroso y alegre, y todos desechan y aborrecen el mal y se alteran con lo desabrido y les hace daño".

Y, trasladando el mismo principio al orden religioso, asegura: "Nunca hubo generación, ni linaje, ni pueblo, ni lengua en todas las gentes criadas y más desde la Redención, que no pueda ser contada entre los predestinados, es decir, miembros del cuerpo místico de Jesucristo, que dijo San Pablo, e Iglesia."

Por su misma idea del hombre, Las Casas tenía fe en la capacidad de civilización de todos los pueblos incultos. No creía en la barbarie fija e irreductible: "así como la tierra inculta no da por fruto, sino cardos y espinas, pero contiene virtud en sí para que, cultivándola, produzca de sí fruto doméstico, útil y conveniente, por la misma forma y manera todos los hombres del mundo, por bárbaros y brutales que sean, como de necesidad, si hombres son, consigan uso de razón y tengan capacidad de las cosas pertenecientes de instrucción y doctrina, consiguiente y necesaria cosa es, que ninguna gente pueda ser en el mundo, por bárbara e inhumana que sea, ni hallarse nación que, enseñándola y doctrinándola por la manera que requiere la natural condición de los hombres, mayormente con la doctrina de la fe, no produzca frutos razonables de hombres ubérrimos".

Esta fe teológica en el progreso humano, al reflejarse en el curso de la historia, llevaba a Las Casas a concluir: "aunque los hombres al principio fueron todos incultos y como tierra no labrada, feroces y bestiales, pero por la natural discreción y habilidad que en sus ánimas tienen innata, como los haya criado Dios racionales, siendo reducidos y persuadidos por razón y amor y buena industria, que es el propio modo por el cual se han de mover y traer al ejercicio de la virtud las racionales criaturas, no hay nación alguna, ni la puede haber, que no pueda ser atraída y reducida a toda virtud política y a toda humanidad de domésticos, políticos y racionales hombres".

De esta suerte, la idea de la creación divina del hombre salvaguarda su racionalidad y pone coto a la amencia sobre la que descansa la servidumbre por naturaleza. Podrá haber pueblos agresores de costumbres rudas (los *palantes*); excepcionalmente algunos hombres faltos de razón; y "al principio" pudieron reinar la incultura, la ferocidad y la bestialidad; pero ni la amencia pudo extenderse a pueblos enteros, en cualquier grado, ni faltó a los incultos la capacidad de mejoramiento. Para convencerse, no es preciso esperar a verlo con los ojos, sino pensarlo con el entendimiento cristiano, que supone la obra poderosa y recta del Creador. "Todas las naciones del mundo son hombres", y no unas hombres y otras hombrecillos como quería Sepúlveda.

No obstante sus habituales exageraciones, Las Casas supo dar expresión a la doctrina de la libertad cristiana que servía de amparo a los derechos del indio.[2]

Un eco importante de este pensamiento se encuentra en la famosa bula del papa Paulo III, de 9 de junio de 1537. Ella declara, con una autoridad ante el mundo cristiano de que carecían las opiniones de los tratadistas, que: "La misma Verdad, que ni puede engañar ni ser engañada, cuando enviaba los Predicadores de su fe a ejercitar este oficio, sabemos que les dijo: 'Id y enseñad a todas las gentes, a todas dijo, indiferentemente, porque todas son capaces de recibir la enseñanza de nuestra fe... aquestos mismos indios, como verdaderos hombres... son capaces de la fe de Cristo... declaramos que los dichos indios y todas las demás gentes que de aquí adelante vinieren a noticia de los cristianos, aunque estén fuera de la fe de Cristo, no están privados, ni deben serlo, de su libertad ni del dominio de sus bienes... han de ser atraídos y convidados a la dicha fe de Cristo...'"

La serena confianza con que se dice que todos los

---

[2] G. Méndez Plancarte, *Humanismo mexicano del siglo xvi*, México, 1946, pp. 8-10: cita la carta de fray Julián Garcés, O. P., c. 1537, dirigida al Sumo Pontífice, en la que pide que a nadie aparte de la obra de la conversión "la falsa doctrina de los que, instigados por sugestiones del demonio, afirman, que estos indios son incapaces de nuestra religión... son con justo título racionales, tienen enteros sentidos y cabeza. Sus niños hacen ventaja a los nuestros en el vigor de su espíritu, y en más dichosa viveza de entendimiento y de sentidos y en todas las obras de manos".

hombres son capaces de recibir la enseñanza de la fe y que no deben perder su libertad ni sus bienes, rebasa cualquier noción fundada en la experiencia; pues eso se afirma de los indios ya conocidos y de "todas las demás gentes que de aquí adelante vinieren a noticia de los cristianos".

No seguiremos estas ideas a través de cada uno de los grandes pensadores escolásticos de los siglos XVI y XVII que se ocuparon de los problemas de América; ni haremos memoria de las frecuentes juntas oficiales donde ellas se ventilaron. Pero sí nos parece necesario subrayar los principios que, brotando de una y otra fuente, integraron el cuerpo de doctrina que sirvió de inspiración última a las leyes de Indias.

¿Condena el medio natural a ciertos pueblos a la irracionalidad y a la sujeción?

Ya sabemos que los primeros escolásticos consultados en el caso de los indios, así como Juan Ginés de Sepúlveda, trataron de fundar la incapacidad de los hombres del Nuevo Mundo en razones geográficas, tales como la latitud, la insularidad y la influencia de los astros.

Otros autores, entre ellos Las Casas y Gregorio López, este último en 1555, sostuvieron que la experiencia no justificaba esa supuesta vinculación causal. López advertía que cerca del ecuador vivían muchos pueblos en tierra grata, fértil y templada. Y no ignoramos que Las Casas combatió la tesis desfavorable a los pueblos antillanos por medio de oportunas comparaciones con los isleños cercanos a Europa.

La polémica obedeció más bien a intereses políticos y morales que a los científicos. El espíritu moderno poco encuentra de valor antropológico en esas disputas acerca de la barbarie de los indios. Pero sí importa observar que se toma en cuenta la influencia del medio sobre la civilización humana, y que de tal planteamiento se desprenden consecuencias políticas que afectan a los pueblos exóticos.

No sería ésta la última vez que un problema de expansión colonizadora se relacionara con teorías sobre climas y otros factores semejantes de orden natural. Al igual que los defensores de la servidumbre en el siglo xvi, posteriores tratadistas invocarían la ciencia de la naturaleza, tan respetada por su adusta verdad, a fin de ahorrarse muchas preocupaciones éticas y jurídicas nacidas con ocasión del contacto de civilizaciones diversas.

La Escolástica española escogió finalmente, según se ha visto, la senda ética, y dejó de lado los halagos y las conveniencias del determinismo naturalista.

¿Constituye la barbarie un estado uniforme que justifica el uso de la violencia para dominar a los bárbaros o cabe distinguir dentro de ellos géneros diversos que ameritan un tratamiento distinto?

El jesuita José de Acosta († 1600) es quien perfecciona el deslinde entre las varias clases de bárbaros, ya iniciado por Las Casas. En vez de aceptar la unidad bárbara indiana a que se refería Sepúlveda, procura reflejar en su ideario la pluralidad cultural de los habitantes del Nuevo Mundo. Distingue tres clases de bárbaros, comprendiendo en su clasificación a los pueblos de Asia y América: *1)* los que no se alejan mucho de la recta razón y de las costumbres del género humano; a ellos pertenecen principalmente los que tienen república, leyes, ciudades defendidas, magistrados, comercio regular y opulento y, lo que está por encima de todo, el uso de la escritura; tales son los chinos, los japoneses y otros pueblos de la India Oriental, a los cuales se debe convencer, sin ayuda de la fuerza, para sujetarlos a Cristo; 2) pertenecen a la segunda clase de bárbaros los que, si bien carecen de letras, de leyes escritas y estudios filosóficos y políticos, sin embargo tienen magistrados ciertos y república, moradas fijas, guardan policía, poseen caudillos y orden de milicia y religión; en fin, hasta cierto punto, se rigen por la razón humana. Entre éstos se encuentran los mexicanos y los peruanos, que tienen instituciones admirables. Empero, mucho se apartaron de la recta razón y de las costumbres del género humano. Acosta no se opone a que sean dados en gobierno, los que de ellos ingresen en la vida cristiana, a príncipes y magistrados cristianos, pero las facultades, pertenencias y leyes de los bárbaros que no sean contrarias a la naturaleza o al Evangelio les deben ser permitidas; 3) la última clase de bárbaros no comprende a todos los habitantes del Nuevo Mundo: es la de los hombres silvestres, parecidos a las fieras, que apenas poseen sentido humano; sin leyes, reinos, alianzas, sin magistrados ciertos ni república, sin morada fija y, caso de tenerla, más parecida a caverna de fieras o establo de ganados. Cita como ejemplo a los caribes. A tales bárbaros corresponde lo que escribe Aristóteles acerca de que, como fieras y por la fuerza, pueden ser domados. Sin embargo, no puede aceptarse este método con respecto a todos los indios, si no se quiere errar gravemente, ni ofrecer como maestras del Evangelio a la codicia y la tiranía.

El fruto principal de estas distinciones consistía en limitar el alcance de la dominación violenta a cierta clase de bárbaros y en robustecer los derechos de los que eran sometidos al imperio cristiano.

¿Nace la barbarie de la incapacidad natural o de la mala educación? Es decir, ¿se trata de una cualidad intrínseca de la naturaleza del hombre o de un estado susceptible de ser modificado por métodos religiosos y culturales? La respuesta usual de los tratadistas españoles es que el bárbaro puede ser cultivado. De los indios decía Vitoria en 1539: "el que parezcan tan idiotas débese en su mayor parte a la mala educación, ni más ni menos que entre nosotros hay muchos rústicos que poco se diferencian de las bestias". Gregorio López aseguraba, al mediar el siglo, que la impericia de los indios se debía más a la infidelidad que a la carencia de razón humana. En 1629 se haría eco de este pensamiento el jurista Solórzano Pereira, al referirse a quienes probaban que cualquier hombre, por silvestre que fuese, en teniendo alguna luz de razón, podía con paciencia ser cultivado y doctrinado.

Semejante afirmación, de honda raigambre cristiana, se hallaba vinculada con la idea de la creación divina del hombre, según vimos al exponer el pensamiento de Las Casas. Asimismo Vitoria sostenía que "Dios y la naturaleza no faltan en lo necesario para la mayor parte de la especie, y lo principal del hombre es la razón, y es vana la potencia que no se reduce al acto." Es decir, la irracionalidad en que se apoya la servidumbre por naturaleza, cuando sobrepasa el margen de la excepción, compromete el orden divino y natural que presupone la capacidad de la mayoría de los hombres. López de Gómara escribía hacia 1552, en dedicatoria a Carlos V, que en el Nuevo Mundo "los hombres son como nosotros, fuera del color, que de otra manera bestias y monstruos serían y no vendrían, como vienen, de Adán".

Sentencia a la que acompaña esta otra de indudable significación práctica: "Justo es que los hombres que nascen libres no sean esclavos de otros hombres, especialmente saliendo de la servidumbre del diablo por el santo baptismo, y aunque la servidumbre y captiverio, por culpa y por pena es del pecado, según declaran los santos doctores Agustín y Crisóstomo."

Las mismas ideas se encuentran bellamente expresadas en la "Exhortación de los Misioneros a los Indios", según fray Diego Valadés, O.F.M., *Rhetorica christiana*, Perusa, 1579, donde dice: "la misma verdad de las cosas nos enseña que no hay bienes ni riquezas que puedan anteponerse a la libertad, ya que nada existe más antiguo, preferible o querido que ella, no sólo para los hombres sino aun para las bestias; ya que el cautiverio es, ciertamente, durísima servidumbre..."; "hemos venido a vosotros, a fin de ilustrar vuestro entendimiento con los rayos de la luz divina y libertar vuestras ánimas y vuestros cuerpos de la durísima esclavitud en que se hallan oprimidos. Porque, si bien la esclavitud de los hombres es molestísima, mucho más intolerable es aquella en que el diablo, enemigo del género humano, os tiene atados y sujetos".

¿Cabe confundir la servidumbre legal con la natural o existen tales diferencias entre ambas que es posible separar la suerte de los hombres comprendidos en uno y otro caso?

Ya Aristóteles distinguía entre la servidumbre impuesta por la ley, a consecuencia, por ejemplo, de la guerra; y la que él reputaba natural por corresponder a las desigualdades que, en cuanto al uso de la razón, existen entre los hombres. Se recordará que en forma parecida Sepúlveda mantenía que la servidumbre significaba para los jurisperitos muy distinta cosa que para los filósofos. Sin embargo, correspondió a los escolásticos españoles, que no habían olvidado la tradición de los juristas de la Edad Media, llevar a sus últimas consecuencias la separación de una y otra servidumbre, con la franca mira de liberalizar la de orden natural.

Fernando Vázquez de Menchaca († 1569), Domingo Báñez († 1604), Diego de Saavedra Fajardo (en escrito de 1631), entre otros, aseguraron que la servidumbre por naturaleza no correspondía a lo que el nombre sugería; que era beneficiosa para el siervo, y por eso no constituía propiamente una servidumbre, ni debía en rigor ser llamada así, "sino en una acepción general y amplia". Los siervos por natura eran del todo libres y servían a los hombres prudentes para recibir la guía de éstos, no para la comodidad de tales señores.

Vitoria creía que la índole de la tutela del prudente sobre el bárbaro era semejante a la que soportaban los menores e idiotas, y que se podía basar en la caridad, ya que era para el bien del tutelado, no sólo para negocio del tutor. En esto le acompañaba Domingo de Soto († 1560), según el cual, "quien es señor por naturaleza, no usa a los siervos naturales como cosas que posee para su propia ventaja, sino como libres y hombres con derecho propio y para el bien de éstos, es decir, enseñándoles e inculcándoles buenas costumbres". En la centuria siguiente a la de la Conquista, aún repetía Solórzano Pereira que dicha tutela estaba dedicada más a la comodidad del bárbaro que a la del sabio, y que la dominación de los indios de cierta cultura había de ser política, no despótica, pues eran libres por naturaleza.

Este giro de las ideas escolásticas vino a cerrar el ciclo de la revisión cristiana del imperialismo clásico; pues si bien Aristóteles admitía que la servidumbre natural acarreaba algún bien al que no se sabía regir, no ocultaba que principalmente cedía en beneficio del señor. No olvidemos tampoco que los españoles aceptaron en los comienzos de la Colonización la idea de un gobierno para los indios intermedio entre la servidumbre y la libertad. Ahora surgía una interpretación más generosa del estado y destino de los hombres de América; ya que, de acuerdo con la doctrina de los escolásticos revisionistas, los hombres del Viejo Mundo debían pasar al Nuevo con el propósito de instruir en el orden religioso y civil a los indios; de procurar con caridad el bien de éstos; y de gozar de los beneficios materiales sólo en función de los fines de esa misión paternal y cristiana.

Era una teoría, nada más, pero tampoco nada menos; porque no puede sernos indiferente que la intención tratase de ser justa y generosa; ni cabe cerrar los ojos ante los extremos de opresión a que se hubiera podido descender en caso de faltar ese cristianismo liberal que, dentro de las condiciones de la época, representaba la generosidad y el anhelo de libertad que afortunadamente acompañan siempre al hombre en su peregrinación por la historia.

Pero es de preguntar: ¿cuáles fueron las consecuencias prácticas de semejante doctrina, si es que las tuvo? Las Leyes de Indias, después de algunas fluctuaciones, prohibieron la esclavitud de los naturales del Nuevo

Mundo; por eso, a mediados del siglo XVI, fueron puestos en libertad los cautivos de conquistas y guerras. En la Audiencia de México esta libertad alcanzó a más de 3 000 indios, sin contar a los emancipados en las provincias. Después sólo se admitió la servidumbre de aborígenes indómitos que mantuvieron focos de hostilidad en las fronteras del Imperio.

Las encomiendas no se suprimieron hasta el siglo XVIII, lo cual, a primera vista, representó un triunfo para los defensores de la servidumbre por naturaleza; pero se declaró abiertamente que el indio encomendado era libre, y se reformó la institución a fin de aproximarla a los principios de la tutela cristiana y civilizadora.

Gran número de disposiciones generales con respecto al indio se inspiraron, después de la Conquista, en propósitos de protección y humanitarismo, que suelen celebrarse como un título honroso del régimen español en América. A eso se debió, por ejemplo, que en la *Recopilación de las Leyes de Indias* figurara una sección completa dedicada al "buen tratamiento de los indios".

En lo que respecta a la religión, el Cristianismo se propagó entre los nativos sobre la base implícita de la hermandad humana en Cristo. El deber de doctrinarlos y acogerlos en la fe fue subrayado con insistencia en los documentos oficiales y eclesiásticos.

La educación civil se procuró mediante varios procedimientos, como la agrupación de los indios en poblaciones; la modificación de las costumbres incompatibles con las de Europa; la concesión de privilegios legales y la tutela administrativa que tendía a impartir amparo.

Es claro que el pensamiento escolástico y sus reflejos institucionales hubieron de enfrentarse a una realidad social de colonización que se hallaba dominada por intereses económicos, y en la cual se ensayaba trabajosamente la convivencia de razas y culturas diversas. Suelen tales contactos ir acompañados de choques y excesos que ni la teoría ni la ley bastan a reprimir en cada momento y lugar. De cierto, no podría verse en cada eclesiástico, funcionario y colono a un apóstol dispuesto a sacrificarse por la conversión y el bienestar de los indios. La explotación y los excesos se hicieron presentes en las tierras sujetas a España.

Pero acaso, por esto mismo, la función de las ideas liberales en dicha colonización adquirió mayor realce, pues ellas no surgieron tan sólo como alarde académico u ornato jurídico; antes bien, suministraron las bases espirituales a un régimen administrativo que, ante los hechos, probaría a diario sus virtudes y sus frustraciones.[3]

A consecuencia de que las metas ideales eran altas

[3] Una de las formas de la libertad cristiana a que nos venimos refiriendo consiste en gozar de libertad de expresión para hacer valer ante las autoridades temporales los deberes de conciencia. Fray Reginaldo de Lizárraga, en su *Descripción breve de toda la tierra del Perú...*, Nueva Biblioteca de Autores Españoles, XV, 605, refiere un curioso razonamiento que hizo en una junta a la que convocó el virrey Toledo, en la ciudad de La Plata, para discutir el envío de sacerdotes a los indios chiriguanaes. Lizárraga creía que se trataba de un ardid de estos indios que aparentaban pedirlos. Pero en la junta prevalecía la opinión de acceder a la solicitud. Y nuestro autor comenta: "Es gran peso para inclinarse los hombres, aun contra lo que sienten, ver inclinados a los príncipes a lo que pretenden, por ser necesario pecho del cielo para declararles la verdad. No digo lo tuve ni lo tengo, más dióme Nuestro Señor entonces aquella libertad cristiana." Se ha fijado bien en este aspecto de la cuestión, Lewis Hanke, *La lucha por la justicia en la conquista de América*, Buenos Aires, Editorial Sudamericana, 1949, cap. 2. "La libertad de palabra en la América del siglo XVI", pp. 79 ss.: "expresaban sus opiniones con libertad sorprendente".

Libro VI. Titulo II.

Titulo segundo. De la libertad de los Indios.

Ley primera. Que los Indios sean libres, y no sujetos à servidumbre.

El Emperador D. Carlos en Grana- da à 9. de No- viembre de 1526 en Ma- drid à 2. de Agos- to de 1530 En Medi- na del Ci- po à 13. de Enero de 1551 en Ma- drid à 5. de No- viembre de 1540 en Valla- dolid à 21 de Mayo de 1543 en Caste- llon de Ampu- rias à 14 de Octu- bre de 548

N Conformi- dad de lo que está dispuesto sobre la liber- tad de los In- dios. Es nues- tra voluntad, y mandamos, que ningun Adelan- tado, Governador, Capitan, Al- caide, ni otra persona, de qualquier estado, dignidad, oficio, ó calidad, que sea, en tiempo, y ocasion de paz, ó guerra, aunque justa, y man- dada hazer por Nos, ó por quien nuestro poder huviere, sea ossadode cautivar Indios naturales de nues- tras Indias, Islas, y Tierrafirme del Mar Occeano, descubiertas, ni por descubrir, ni tenerlos por esclavos, aunque sean de las Islas, y Tierras, que por Nos, ó quien nuestro poder para ello haya tenido, y tenga, esté declarado, que se les pueda hazer justamente guerra, ó los matar, prender, ó cautivar; excepto en los casos, y naciones, que por las leyes de este titulo estuviere permitido, y dispuesto, por quanto todas las licencias, y declaraciones hasta oy hechas, que en estas leyes no estu- vieren recopiladas, y las que se die- ren, é hizieren, no siendo dadas, y hechas por Nos con expressa men- cion desta ley, las revocamos, y sus-

pendemos en lo que toca á cauti- var, y hazer esclavos á los Indios en guerra, aunque sea justa, y hayan dado, y dén causa á ella, y al resca- te de aquellos, que otros Indios hu- vieren cautivado, con ocasion de las guerras, que entre sí tienen. Y assimismo mandamos, que ningu- na persona, en guerra, ni fuera de ella pueda tomar, aprehender, ni ocupar, vender, ni cambiar por esclavo á ningun Indio, ni tenerle por tal, con titulo de que le huvo en guerra justa, ni por compra, rescate, trueque, ó cambio, ni otro alguno, ni por otra qualquier cau- sa, aunque sea de los Indios, que los mismos naturales tenian, tie- nen, ó tuvieren entre sí por escla- vos, pena de que si alguno fuere hallado, que cautivó, ó tiene por esclavo algun Indio, incurra en perdimiento de todos sus bienes, aplicados á nuestra Camara, y Fis- co, y el Indio, ó Indios sean luego bueltos, y restituidos á sus propias tierras, y naturalezas, con entera, y natural libertad, á costa de los que assi los cautivaren, ó tuvieren por esclavos. Y ordenamos á nuestras Iusticias, que tengan especial cui- dado de lo inquirir, y castigar con todo rigor, segun esta ley, pena de privacion de sus oficios, y cien mil maravedis para nuestra Camara al que lo contrario hiziere, y negli- gente fuere en su cumplimiento.

La *Recopilación de Leyes de Indias* acoge la doctrina de la libertad

y libres, existió un aliento de reforma en las instituciones coloniales de Hispanoamérica; y aquella realidad histórica, dominada por la codicia, quedó sujeta a la atracción de principios superiores de dignidad humana.

Es así como se desenvuelve la contienda entre el utilitarismo de los conquistadores y colonos, de una parte, y la concepción tutelar respecto de los indios, de otra.

La corriente ideológica que trató de proteger al nativo de América influyó asimismo en la consideración del tratamiento del negro.

Hace años llamó la atención el profesor Altamira sobre las incipientes doctrinas liberales de algunos tratadistas españoles del siglo XVI en favor de la raza africana. Sin embargo, el tema no fue recogido con suficiente énfasis por la historiografía americanista, y conviene insistir en él y aun ampliar sus fundamentos.

Bartolomé de las Casas refiere en su *Historia de las Indias* que, en un principio, con el fin de obtener la libertad de los indios, pidió que se permitiese a los españoles llevar negros a las Indias; pero más tarde se arrepintió al advertir la injusticia con que los portugueses los tomaban y hacían esclavos, y desde entonces los tuvo por injusta y tiránicamente hechos esclavos, "porque la misma razón es dellos que de los indios".

Francisco de Vitoria, en respuesta a una consulta que le hizo fray Bernardino de Vique, distinguía los casos siguientes: el de los negros salteados con engaño; el de los que entre ellos eran esclavos de guerra; y por último, el de los comprados por conmutación de pena de muerte. No justificaba el primer caso, y dudaba de que fuese un procedimiento generalizado, porque, de serlo, comprometería la conciencia del rey portugués. Admitía en la segunda hipótesis que los portugueses comprasen a los negros, pues no eran obligados a averiguar la justicia de las guerras entre los bárbaros: "basta que éste es esclavo, sea de hecho o de derecho, y yo le compro llanamente". Aceptaba también el tercer caso.

Pedía que los esclavos fuesen tratados humanamente, porque eran prójimos, y el amo y el siervo tenían otro señor (Dios); siendo bien tratados, su esclavitud les convendría más que dejarlos en sus tierras.

En cuanto a la pregunta sobre si era suficiente seguridad de conciencia creer que el rey de Portugal y los de su Consejo no permitirían contrataciones injustas, no le parecía así, aunque no creía verosímil que el engaño para cautivar negros (atraerlos con juguetes y entonces capturarlos) fuese consentido y usado comúnmente.

Con mayor afán abolicionista, y bajo la influencia declarada del problema del indio, escribía al rey de España el arzobispo de México, fray Alonso de Montúfar, de la Orden de los Predicadores, el 30 de junio de 1560: "no sabemos qué causa haya para que los negros sean cautivos más que los indios, pues ellos, según dicen, de buena voluntad reciben el santo evangelio y no hacen guerra a los xriptianos". El ir a buscarlos aviva las guerras que tienen entre sí con objeto de hacer cautivos para vender. En cuanto a los beneficios corporales y espirituales que reciben a consecuencia de ser esclavos de cristianos, son contrarrestados por los daños mayores que se siguen de la separación de los matrimonios y familiares. Pide por esto el arzobispo que le sean aclaradas las causas del cautiverio de los negros para que deponga sus escrúpulos. "Plazerá a Nuestro Señor que cesando este captiverio y contratación, como hasta aquí han ido a rescatarles los cuerpos, habrá más cuidado de llevarles la predicación del santo evangelio con que en sus tierras sean libres en los cuerpos y más en las ánimas trayéndolos al conocimiento verdadero de Jhesuxripto."

En 1569 publicó fray Tomás de Mercado su obra sobre *Tratos y contratos de mercaderes*, destinada especialmente a los de Sevilla. En el capítulo xv estudiaba el comercio de los negros de Cabo Verde y, como en las demás partes de la obra, analizó las consecuencias morales que de él podían resultar para las conciencias de los mercaderes españoles.

Cautivar o vender negros u otra cualquiera gente, le parece que es negocio lícito y de *iure gentium*, como la división y partición de las cosas, y juzga que hay bastantes causas y razones por donde un hombre puede justamente ser cautivado y vendido. En el caso de los negros menciona: *1)* la guerra que se hacen entre sí, que es frecuente, porque, al igual que los italianos, carecen de un señor universal; *2)* los delitos castigados con pérdida de la libertad, práctica que se usa también entre los indios; *3)* el vender los padres a sus hijos en casos de extrema necesidad, como se hace en Guinea.

Después de establecer el derecho, pasa Mercado al examen de los hechos, donde encuentra infinitos abusos cometidos al amparo de los tres títulos: hay negros dedicados a cazar a otros para venderlos; algunos superiores condenan a sus súbditos por enojo y no por justicia; los padres venden a sus hijos sin mediar necesidad. Además, intervienen engaños por parte de los europeos que van a comprar los negros, y éstos son maltratados en el camino.

Por estas razones, con notable progreso humanitario, Mercado antepone la evidencia de la realidad a la doctrina en sí, aconsejando a los mercaderes españoles que no participen en el tráfico, aunque de suyo sea lícito. Reflexiona que los negros pierden para siempre su libertad, que es injuria gravísima e irrecuperable. Compara el punto de vista del mercader español que contrata con los portugueses, o con los mercaderes negros, con el del ropavejero que compra cosas que piensa son hurtadas, lo que es condenable. Para que una venta sea lícita es menester estar seguro de que la cosa pertenezca al vendedor o, al menos, que no haya fama de lo contrario. Pensar que podrían ponerse en Cabo Verde personas de confianza que examinaran los casos, no le parece que conduzca a una satisfacción cierta; es preferible desistir del trato. Algunos opinan que el rey de Portugal tiene Consejo y a él toca definir la materia de conciencia; pero Mercado contesta que los teólogos de Sevilla y Castilla han preguntado a los de Lisboa si aprueban la trata, y éstos han respondido que si acaso piensan que en Lisboa tratan diversa teología; que ellos condenan el comercio como los teólogos españoles. ¿Es la culpa del rey portugués? Mercado supone que sus ordenanzas serán buenas; mas ocurrirá como en el caso de los españoles, que no cumplen las existentes.

En semejantes términos se expresa Bartolomé de Albornoz, después de larga permanencia en Nueva España, cuando publica en Valencia su *Arte de contratos* en 1573.

Aprueba el tráfico de los moros de Berbería, Trípoli

y Cirenaica, porque ellos a su vez cautivan a los cristianos; pero rechaza el de los negros de Etiopía.

Condena a quienes de propia autoridad arman navíos y roban los esclavos o los compran robados: es contra todo derecho divino y humano enojar a quien no causa daño, y peor aún esclavizarlo. Cuando el trato se hace por medio de los portugueses, que con autoridad de su rey contratan los negros y públicamente los venden y pagan derechos por hacerlo, hay quienes opinan que no existe pecado en cuanto al fuero exterior, pues los reyes lo consienten, y tampoco en el fuero interior, pues se hace públicamente y los religiosos no lo contradicen como lo hicieron en el caso de los indios, y aun compran esclavos negros. Pero Albornoz no admite esta opinión, "porque de estos miserables etíopes no ha precedido culpa, para que justamente por ella pierdan su libertad, y ningún título público ni particular (por aparente que sea) basta a librar de culpa a quien los tenga en servidumbre, usurpada su libertad".

El negro puede hacerse cristiano sin ser esclavo; la libertad de la ánima no se ha de pagar con la servidumbre del cuerpo; mejor es ir a ellos apostólicamente a redimirlos y no quitarles la libertad que naturalmente les dio Dios.

A estas voces habría que agregar las de Domingo de Soto, Alonso de Sandoval, Luis de Molina y Diego de Avendaño.

Cabe recordar que Juan Suárez de Peralta, vecino y natural de México, en el *Tratado del descubrimiento de las Indias* que compone en 1589, comenta que estos negros no han tenido quien vuelva por ellos, como los indios, para que no se hagan esclavos, y los hechos se den por libres. Porque si bien se considera, las mismas causas que militan entre los indios, las mismas competen a los negros, que no hay otra diferencia más de ser más subidos de color y más prietos. Luego razona que es injusticia quitar el esclavo a su dueño, si le tiene con justo título; pero la primera parte de su argumentación plantea bien la cuestión de que tratamos.

No faltó, por lo tanto, el análisis justo que de las premisas cristianas se atrevió a sacar conclusiones liberales a favor del negro, como antes había ocurrido con respecto al indio. Varios de los autores citados tuvieron en cuenta la experiencia de Indias y percibieron la incongruencia que encerraba el conceder la libertad a los habitantes de un Continente para esclavizar a los de otro. Sin embargo, según observa Altamira, "su voz se perdió en el vacío y la entrada de negros se hizo activamente en todas las Indias".[4]

[4] Ahora bien, conviene advertir que hubo un momento en que la doctrina liberal estuvo a punto de influir sobre el curso de la legislación, cuando el 9 de noviembre de 1526, la Corona ordenó examinar si convendrá que los negros, habiendo servido durante cierto tiempo y mediante el pago de una cantidad a sus amos, queden en libertad, *D.I.U.*, IX, 249. De haberse seguido esta vía legal, la esclavitud perpetua y hereditaria hubiera quedado sustituida por un servicio temporal. A falta de ello, veamos dos momentos en que la legislación española trata de humanizar la condición de los esclavos negros. En las ordenanzas, sin fecha, que vienen a continuación de una Representación del doctor Cáceres dirigida al licenciado Juan de Obando, del Consejo de S. M., del año 1570, se manda a todos los señores de negros que tengan cuidado de hacer buen tratamiento a sus esclavos, "teniendo consideración que son prójimos e cristianos, dándoles de comer e vestir conforme a razón, y no castigalles con crueldad...". *D.I.I.*, XI, 82-83. Mucho más tarde, en el *Código Negro Carolino* (1784), se habla de suavizar en lo posible el pesado yugo de su condición y de que su educación haga útiles y sociables a quienes la naturaleza hizo nuestros semejantes, la religión y humanidad nuestros hermanos y la piedad de los soberanos, sus vasallos, a cuya buena administración y gobierno extiende

No es fácil explicar este curso práctico. Tal vez influyó el ejemplo portugués, al que varias veces aluden los autores españoles. Es posible también que la Corte pensara que el problema no caía dentro de su jurisdicción, pues las tierras de África no eran objeto de colonización española como las de Indias. Además, mediaron intereses mercantiles de mayor fuerza que la palabra de los teólogos y juristas que llegaron a ver con claridad el problema.

El hecho es que las posesiones españolas de América recibieron buen número de esclavos africanos, participando en el tráfico las principales naciones de Europa.

Lo que sí puede afirmarse es que la tradición iusnaturalista cristiana del siglo XVI, favorable al negro, no se olvidó por completo entre los autores de habla hispana, llegando a entroncar con la filosofía del siglo XVIII.

El jesuita mexicano Francisco Xavier Alegre (1729-1788) habla del tráfico de esclavos desarrollado por los portugueses en África desde que ocuparon, por el año de 1448, las islas de Cabo Verde; y que después del descubrimiento de América y de haber prohibido la servidumbre personal de los indígenas las humanísimas y santísimas leyes de Carlos V y de Felipe II, "hubo algunos que aconsejaron al Rey que fueran enviados los esclavos etíopes a aquellas nuevas tierras. Así aquellos buenos varones, que tenían celo por las cosas de Dios, pero no un celo iluminado y conforme a la razón, mientras protegían la libertad de los americanos, impusieron a las naciones de África una perpetua deportación y el durísimo yugo de la esclavitud". Esta explicación previa sirve a

al presente sus desvelos paternales. **Edición por Javier Malagón Barceló,** Santo Domingo, R. D., 1974, p. 162.

nuestro autor para concluir: "Por tanto, siendo así que estos etíopes ni son esclavos por su nacimiento, ni por sí mismos o por sus padres fueron vendidos por causa de urgente necesidad, ni han sido condenados a la servidumbre por sentencia de legítimo juez, ni pueden ser considerados como cautivos en guerra justa —ya que sus bárbaros reyezuelos guerrean entre sí por mero antojo o por causas insignificantes; más todavía, después de que los europeos establecieron aquel comercio, las más de las veces hacen la guerra sólo por coger hombres para venderlos, como claramente se ve por las mismas historias de los portugueses, ingleses y holandeses (de los cuales los últimos dedícanse con gran empeño a tal comercio); síguese que esa esclavitud, como expresamente escribió Molina, es del todo injusta e inicua, a no ser que los Ministros Regios a quienes les está encomendado este asunto tengan noticia del justo título que la haga lícita en casos particulares y den testimonio acerca de él; sobre todo si consideramos que en los reinos de Angola y del Congo, en la Isla de Santo Tomás y en otros lugares hay muchísimos cristianos que son hechos cautivos por los infieles y que no es lícito a los cristianos comprarlos..." [5]

[5] Alegre también discute la teoría de la servidumbre natural. Véase G. Méndez Plancarte, *Humanistas del siglo xviii*, México, 1941, pp. 44-47. He aquí algunos extractos de la obra *Institutionum theologicarum libri xviii*... Venetiis, Typis Antonii Zattae, et Filiorum, 1789-1791, 7 vols. Lib. VIII, Prop. IX, nn. 8-17, T. IV, 67-78. "Hay entre los hombres, a pesar de la absoluta igualdad de naturaleza, desigualdad de ingenios. Porque unos son intelectualmente torpes y tardos, otros agudos y perspicaces. Y por este capítulo piensan algunos que nace en éstos el derecho de mandar y en aquéllos la necesidad de obedecer: juzgan que los torpes y tardos son por naturaleza siervos de los sabios y talentosos, en el sentido en que dijo Eurípides (en su *Ifigenia*) que los griegos debían imperar a los bárbaros, porque los griegos —afirmó— son por naturaleza libres y los bárbaros por naturaleza siervos. Sostuvieron tal sentencia, con Ginés de Sepúl-

¿Debe la teoría de Alegre más al "celo iluminado y conforme a la razón" de que nos habla en su discurso o a la cita expresa de Molina? Al parecer, ya entreteje la corriente escolástica con la racionalista; pero no era poco que un americano liberal del siglo XVIII hallara en su propia tradición un punto de apoyo. Esto se olvidaría pronto, cavando un foso artificial entre la libertad y nuestra historia.

veda, algunos españoles, a quienes egregiamente refutaron Bartolomé de las Casas y Domingo Soto. Engañáronse aquéllos, en verdad, por el texto de Aristóteles en el Libro I de su *Política* (cap. I)... Aristóteles no habla de un dominio en acto (para decirlo en términos de la Escuela), sino de la idoneidad para el dominio... Ahora bien: para que los hombres sufran alguna disminución de la natural libertad que todos por igual gozan, menester es que intervenga su consentimiento —expreso, tácito o interpretativo—, o algún hecho de donde otros adquieran el derecho de quitársela aun contra su voluntad. La desigualdad, por tanto, de ingenios no pudo por sí sola dar derecho a mandar; pudo, sí, ser ocasión de desigualdad política, ya sea por voluntad propia como en el caso en que uno espontáneamente se someta a la dirección de otro, o bien por pública autoridad como cuando el Pretor asigna un tutor a los pupilos o un curador a un pródigo... Hay también entre los hombres desigualdad natural en cuanto a la robustez y fuerza corporal: son unos más corpulentos y poderosos, otros más débiles... siempre se ha usado entre los hombres que los vencedores manden a quienes vencieron... Debe, sin embargo, absolutamente rechazarse tal sentencia, digna de hombres feroces y tiranos: en parte, por la razón que antes dimos al hablar de la fuerza coercitiva de la ley, y en parte porque, como argumenta Pufendorf, la sola fuerza física puede, sí, moverme contra mi inclinación a sujetarme por algún tiempo a la voluntad del que me fuerza, con el fin de evitar sus violencias; mas apenas desaparezca ese temor, nada me impide obrar según mi voluntad y despreciar sus mandatos... Confesamos, ciertamente, ser como ley de la naturaleza que los más fuertes dominen a los débiles, pero tal es la ley de la naturaleza animal —que nos es común con los brutos—, no de la naturaleza racional. Y la razón, no el apetito sensitivo, es la regla y norma de las acciones humanas. Por lo cual —dijo admirablemente Plinio el Joven en el Panegírico de Trajano—, la ley de la naturaleza no otorgó el imperio entre los hombres a los más fuertes, como sucede entre los brutos..." Adelante, pp. 123 y ss., citamos otros autores del siglo XVIII que exponen ideas similares.

Es indudable que, según hemos visto, el impulso cristiano no bastó para detener la esclavitud de los negros, correspondiendo a la filosofía de las luces el librar la batalla decisiva. Pero mientras llegaba el momento de asociar el liberalismo escolástico con la filosofía dieciochesca, como lo hizo Alegre, aquella tradición cristiana pudo contribuir a hacer menos riguroso, en términos generales, el tratamiento de los negros en la sociedad colonial española, según observaron los viajeros que tuvieron ocasión de comparar este régimen con el de otras dependencias europeas.

En el siglo XVIII, el movimiento enciclopedista hubo de reflejarse en las consultas del gobierno hispano y en las leyes sobre los negros, como lo comprueba la cédula circular de 15 de agosto de 1789 sobre la educación, trato y ocupación de los esclavos en Indias.

Más tarde, abolida la esclavitud de los africanos, cupo otra tarea benéfica a dicha tradición humanitaria: la de amenguar los prejuicios sociales que dejó tras de sí la secular institución.

En suma: la actitud intelectual de los españoles ante el tratamiento de los indios y de los negros presenta, de una parte, limitaciones de época y de ambiente; y de otra, generosas y universales ideas de libertad humana que contribuyeron a mejorar el destino de hombres pertenecientes a culturas distintas de la europea.

Por eso puede afirmarse, sin temor a caer en la falsa apología que, desde el primer momento, la servidumbre y la libertad libraron entre nosotros su eterna batalla, cuyo resultado decide en cada época histórica el grado de progreso ideal y práctico que constituye el patrimonio de la generación viviente.

La influencia de la idea de libertad cristiana no se redujo al campo del tratamiento de indios y negros. En otras ocasiones, todavía relacionadas por tema o autor con América, el estado natural de igualdad y libertad sirvió de apoyo a preguntas de mayor alcance e inquietud acerca del orden de la sociedad.

En el siglo xvi, Vasco de Quiroga asoció el recuerdo de la primera Edad de Oro, tan caro al Renacimiento, con el mundo de la utopía. El estado natural dejaba a sus ojos de ser una quimera para confundirse con la realidad indígena: "Porque no en vano, sino con mucha causa y razón este de acá se llama Nuevo Mundo, no porque se halló de nuevo, sino porque es en gentes y cuasi en todo como fue aquel de la edad primera y de oro." La caridad de don Vasco se sintió atraída por la simplicidad del indio: "gente tan mansa, tan nueva, tan rasa y tan de cera blanda para todo cuanto de ella hacerse quisiera". Y lo que sugería a la Corte, no era trasmitir a los nativos la ambición, la soberbia y la vanagloria que dominaban a los europeos en su Edad de Hierro; sino aprovechar aquella inocencia de los indios para elevarlos, mediante el comunismo platónico y las leyes de la *Utopía* de Moro, a las alturas ideales de un mundo sin codicia, libre de las congojas del orgullo y equiparable por sus virtudes a la Iglesia primitiva, ahora "renaciente".

En algunos autores hispanos del siglo xvii, nos parece advertir que la idea del mundo natural igualitario cobra el carácter de un desafío incipiente a la jerarquía social.

Aquel monje Benito de Peñalosa y Mondragón, que después de viajar por América Meridional se había mostrado partidario en 1629 de las ideas de Sepúlveda sobre la dominación de los indios, alentaba, sin embargo, creencias igualitarias.

A fin de explicar cómo se fue originando y derivando en los hombres el estado de nobleza, afirmaba: "Todos somos unos, y tenemos una mesma descendencia, y calidad de sangre, sin que aya diferencia del Rey, al mas pobre labrador. En los principios del mundo y primera edad, todas las cosas fueron comunes, sin que huuiesse diferencia en los linages, estados, ni hazienda; pero con el discurso del tiempo creciendo la malicia, y conuirtiendo la sinceridad y paz, en discordias y vandos, haziendose caudillos los mas valientes y tyranos, quien pudo más ocupar, hizo suyo lo que antes era de todos. Y los que la naturaleza crió yguales, la malicia y tiranía los diferenció en libres, sieruos, nobles y plebeyos: los más flacos y de menos brío, quedaron en servidumbre, y tenidos por rusticos y sugetos, y los otros por gente noble, y de mas estimación."

Subrayaba la inestabilidad de las jerarquías mundanas y su escasa significación ante el juicio divino, mediante estas palabras atrevidas. "Es de aduertir que no ay linage de Emperador, Rey, ni Principe, que sus principios no sean en hombres comunes, que aora sea por tyranía, o por su virtud y valor, ganaron para si y sus descendientes, Coronas, Títulos y Estados. Porque si se discurre por el origen de cada uno, parará por ventura en un pobre esclauo: y muchos que oy son esclauos, se hallaran descendientes de Reyes: que el tiempo con sus continuas reboluciones y mouimientos, haze mudanca en todas las cosas, y permítelo, y ordénalo Dios assi: porque la virtud tenga premio, y el vicio castigo, y el hombre tenga de contino al ojo, un viuo y perpetuo desengaño

de la vanidad del mundo, y emulación de lo virtuoso."
Se trataba, sin duda, de la habitual discordancia entre el estado perfecto de la primera edad y las desigualdades del mundo presente; pero este recurso ideológico tradicional ya no servía tan sólo para explicar cómo había surgido la diferencia entre una y otra situación, sino también para restar fijeza y significación a las jerarquías existentes.

Esta inquietud ante el orden jerárquico de la sociedad reaparece en otra pluma vinculada con las Indias, aunque ahora se trata de las Septentrionales. La célebre poetisa mexicana Sor Juana Inés de la Cruz, en su comedia *Amor es más laberinto*, escrita en el último tercio del siglo XVII, reflexiona con tanta precisión ideológica como elegancia literaria: "...los primeros que impusieron en el mundo dominio, fueron los hechos; pues siendo todos los hombres iguales, no hubiera medio que pudiera introducir la desigualdad que vemos como entre rey y vasallo; como entre noble y plebeyo; porque pensar que por si los hombres se sometieron a llevar ajeno yugo y a sufrir extraño freno, si hay causas para pensarlo, no hay razón para creerlo, porque como nació el hombre naturalmente propenso a mandar, sólo forzado se reduce a estar sujeto"; y "de donde infiere que sólo fue poderoso el esfuerzo de diferenciar los hombres (que tan iguales nacieron) con tan grande distinción como hacer, siendo unos mesmos, que unos, sirvan como esclavos, y otros, manden como dueños".

El origen de la jerarquía entre los hombres —que nacen y son iguales— hay que buscarlo, por lo tanto, en los hechos y el esfuerzo, es decir, no en razones, sino en el poder.

Sor Juana no puede ignorar las ficciones de tiempo, lugar y caída por el pecado que venían sirviendo para conciliar el estado de naturaleza con la desigualdad social; pero al dejarlas adrede en la penumbra, logra infundir mayor dramatismo a la pregunta acerca del origen y justificación del orden jerárquico que reina entre los hombres. Todo ello en un ambiente de monarquía absoluta y de división de clases que contribuye a destacar, por contraste, el vigor de aquel pensamiento cristiano igualitario que se presenta ataviado con el ropaje elegante de las letras barrocas.

Ya veremos cómo estas inquietudes adquirieron un carácter más agudo y revolucionario en el siglo XVIII, bajo estímulos distintos pero coincidentes con el cristiano.

Ahora podemos afirmar, con el erudito A. Millares Carlo en su estudio sobre la señera personalidad de Feijóo, que "España nunca dejó de ser, incluso en sus épocas de letargo, una tierra de pensamientos liberales".

V. IGUALDAD DIECIOCHESCA

Nuevas ideas surgen, a partir del siglo XVIII, con respecto a la igualdad y libertad humanas.

No se trata de una prolongación sencilla del pensamiento del siglo XVI. El clima histórico y el tema mismo varían; pero las nuevas conclusiones ofrecen, a veces, afinidades sorprendentes con las defendidas por los polemistas españoles.

Antes de abordar los aspectos americanos de la cuestión, veamos hasta qué punto los pensadores de la época revisaron la doctrina de Aristóteles sobre la servidumbre.

Comencemos por señalar una corroboración de la creencia en la igualdad original de los hombres; aunque ahora no se desprenda de la explicación religiosa de la Creación, sino de una teoría de índole científico-natural.[1]

Buffon, en su *Histoire naturelle de l'homme. Variétés dans l'espèce humaine*, publicada en París en 1749 y traducida al español en el propio siglo, sostiene que la familia humana no se compone de especies esencialmente diferentes entre sí; originalmente hubo una sola raza de hombres que se multiplicó y esparció por la superficie de la tierra, de donde provino la variedad de especies debida a la influencia del clima, alimentación, manera de vivir, epidemias y cruzamientos diversos de individuos más o menos semejantes.

Ya no se menciona a Adán, ni figura el castigo divino

---

[1] Por lo que respecta a la línea del pensamiento cristiano en Francia, téngase presente el estudio de A. Monod, *De Pascal à Chateaubriand. Les défenseurs français du christianisme de 1670 à 1802*, París, Alcan, 1916.

como causa de la variedad existente entre las razas; pero subsiste la fe —ahora científica— en la unidad original de la familia humana y se acepta que las diferencias posteriores son debidas a causas físicas.

Refiriéndose de manera más concreta al tema de la servidumbre, Montesquieu afirma en su obra *De l'esprit des lois*, aparecida en 1748, que la esclavitud es tan contraria al derecho civil como al natural. Entre las causas a que puede atribuirse el origen de la esclavitud, incluye el desprecio que una nación concibe por otra, fundado sobre la diferencia de costumbres; y el ejemplo es nada menos que el de los españoles en América. Más adelante recuerda que Aristóteles quiere probar que hay esclavos por naturaleza, pero lo que dice no lo prueba. Si algunos hay, serán aquellos que viven en países donde el calor enerva el cuerpo y debilita tanto el valor que los hombres sólo se sujetan a un deber penoso por temor del castigo. Pero como todos los hombres nacen iguales, es preciso reconocer que la esclavitud es contraria a la naturaleza, aunque en algunos países se funde sobre una razón natural; y es necesario distinguir bien estos países de aquellos en que las razones naturales mismas rechazan la esclavitud, como los países de Europa, donde ha sido felizmente abolida. Plutarco dice, en la vida de Numa, que en tiempos de Saturno no había amo ni esclavo. En los climas europeos el cristianismo ha restablecido esta época.

Es preciso, pues, reducir la servidumbre natural a ciertos países particulares de la tierra. En todos los otros, el autor cree que, por penosos que sean los trabajos que requiera la sociedad, se puede hacer todo con hombres libres. Y si bien no sabe si el espíritu o el corazón le dictan este principio, llega a pensar que no hay quizás clima sobre la tierra donde no se puedan alquilar hombres libres para el trabajo. A este propósito sugiere la explicación siguiente: porque las leyes estaban mal hechas se hallan hombres perezosos; porque estos hombres eran perezosos se les ha reducido a esclavitud.

Montesquieu rebate asimismo las razones que alegaban los jurisconsultos romanos para justificar la esclavitud civil: la guerra, la venta del deudor insolvente y el nacimiento de padres esclavos.

En el primer caso, dice que en la guerra sólo es lícito matar por necesidad; pero si un hombre hace esclavo a otro, no puede decir que se haya visto obligado a matarlo, puesto que no lo ha hecho.

En cuanto al segundo caso, la venta supone un precio; el esclavo al venderse hace que sus bienes pasen al amo; luego el amo no le dará nada ni el esclavo lo recibirá. Además, la libertad de cada ciudadano es una parte de la libertad pública. La libertad no tiene precio para el que la vende.

En lo que ve al tercer caso, si el hombre no se puede vender, menos puede vender a su hijo que no ha nacido; si un prisionero de guerra no puede ser reducido a servidumbre, menos todavía podrán serlo sus hijos.

Si se compara la exposición de Montesquieu con la de los escolásticos, salta a la vista la mayor libertad con que trata a las autoridades. Discurre por sí mismo, en pleno ejercicio de la razón; y tanto Aristóteles como los jurisconsultos romanos son desechados fácilmente, a pesar del prestigio secular de que gozaron sus argumentos.

Dos afirmaciones merecen destacarse: todos los hombres nacen iguales; y el Cristianismo ha desterrado la esclavitud de Europa. Es cierto que Montesquieu, como teórico adicto a la doctrina del clima, no se sustrae de pronto a la atracción que ejerce sobre él la idea de la servidumbre natural determinada por las circunstancias geográficas. Por eso se conforma, primero, con proclamar la libertad en Europa y relegar la servidumbre a otras zonas más calurosas; pero después llega a insinuar, según se ha visto, que la libertad es compatible con cualquier clima, en caso de que rijan leyes apropiadas que eviten la pereza.

El razonamiento de Montesquieu, hasta donde alcanza nuestra información, no acusa influencia de la escuela española, a pesar de ciertas semejanzas de intención; pero él sí fue autor leído y gustado por los criollos de América.

Juan Jacobo Rousseau, en su *Discours sur l'origine de l'inégalité* del año 1754, se propone dar respuesta a la pregunta formulada por la Academia de Dijon acerca de cuál es el origen de la desigualdad que reina entre los hombres, y si ella está autorizada por la ley natural.

Dice que va a meditar sobre la igualdad que la naturaleza ha implantado entre los hombres y sobre la desigualdad que ellos han instituido.[2] Pero esta tajante formulación, que parece contener en sí la respuesta negativa a la última parte de la pregunta, no debe interpretarse antes de considerar que Rousseau admite en la especie humana dos clases de desigualdad: una que llama natu-

---

[2] Bueno es tener presente que un lejano lector, Cristóbal Mariano Coriche, O. P., *Oración vindicativa del honor de las letras y de los literatos;* Puebla, Imprenta del Colegio Real de San Ignacio, 1763, se eleva contra la tesis de Rousseau sobre las virtudes del estado natural y el deterioro debido a la cultura.

ral o física, porque es establecida por la naturaleza, la cual consiste en la diferencia de edades, de salud, de fuerzas del cuerpo y de cualidades del espíritu o del alma. La otra, que puede ser llamada desigualdad moral o política, porque depende de una especie de convención, es establecida o por lo menos autorizada por el consentimiento de los hombres. Ésta consiste en los diferentes privilegios de que gozan algunos en perjuicio de los otros, como ser más ricos, más honrados, más poderosos que otros o aun hacerse obedecer.

Al final del discurso afirma que, siendo casi ninguna la desigualdad en el estado de naturaleza, obtiene su fuerza y su crecimiento del desarrollo de nuestras facultades y de los progresos del espíritu humano, y se legitima por el establecimiento de la propiedad y de las leyes. La desigualdad moral, autorizada por el solo derecho positivo, es contraria al derecho natural siempre que no concurra en la misma proporción con la desigualdad física o natural. Esta distinción resuelve lo que debe pensarse acerca de la especie de desigualdad que reina entre todos los pueblos civilizados; porque manifiestamente es contra la ley de la naturaleza, de cualquier manera que sea definida, que un niño mande a un anciano, que un imbécil guíe a un hombre sabio y que un puñado de gentes goce de superfluidades mientras que la multitud hambrienta carezca de lo necesario.

Si se tiene en cuenta que la desigualdad física o natural de que habla Rousseau incluye, como se ha visto, la diferencia en las cualidades del espíritu o del alma, y que si bien le indigna que un imbécil guíe al sabio, no parece disgustarle lo contrario, podría concluirse que, en último término, su doctrina no se opone esencialmente a la de Aristóteles. Pero en el *Contrato social* propone Rousseau, sin lugar a duda, un juicio adverso a la teoría clásica sobre el estado de servidumbre natural.

Aristóteles sostuvo que los hombres no son iguales naturalmente, sino que los unos nacen para la esclavitud y los otros para el señorío. Aristóteles tuvo razón, afirma el ginebrino, pero tomó el efecto por la causa. Todo hombre nacido en la esclavitud nació para la esclavitud; nada es más exacto. Los esclavos pierden todo en sus cadenas, hasta el deseo de salir de ellas; aman su servidumbre como los compañeros de Ulises amaban su embrutecimiento. Si pues hay esclavos por naturaleza es porque ha habido esclavos contra natura. La fuerza ha originado los primeros esclavos y su desidia los ha perpetuado. Supuesto que ningún hombre posee una autoridad natural sobre su semejante, y que la fuerza no produce ningún derecho, quedan las convenciones como base de toda autoridad legítima entre los hombres.

De cualquier manera que se mire, el derecho de esclavitud es nulo; no sólo porque es ilegítimo, sino porque es absurdo y no significa nada. Las palabras esclavo y derecho son contradictorias y se excluyen mutuamente. Sea de un hombre a otro hombre o de un hombre a un pueblo, esta proposición será siempre igualmente insensata: "Hago contigo un convenio todo a tu costa y todo en mi provecho, el cual observaré mientras me plazca y que tú observarás mientras a mí me plazca."

El resultado es semejante al de la teoría de Montesquieu: una desaprobación franca de la esclavitud. Rousseau no distingue para este efecto la servidumbre natural de la civil.

Debemos observar que esa igualdad a que alude la

filosofía del siglo xviii no se concibe siempre dentro del esquema cristiano. La fundamentación secular que le asigna Helvecio es muy propia para captar el nuevo tono de la época.

En el tratado *De l'esprit,* publicado en 1758, dedica el capítulo xxx del Discurso III al análisis de la superioridad que ciertos pueblos han tenido en diversas ciencias y artes.

Esta superioridad, reflexiona, se debe sólo a causas morales y no a que haya naciones privilegiadas en virtud, espíritu o valor. La naturaleza, a este respecto, no ha repartido desigualmente sus dones. El genio es común, pero las circunstancias propicias para desarrollarlo son muy raras. La desigualdad de espíritu que se observa entre los hombres depende de alguna de estas causas: el gobierno bajo el cual viven; el siglo más o menos feliz en que nacen; la educación mejor o peor que reciben; el deseo más o menos vivo que ellos tienen de distinguirse; y, en suma, las ideas más o menos grandes o fecundas que ellos hacen objeto de sus meditaciones.

Ampliamente desarrolla el mismo principio en la obra *De l'homme, de ses facultés intellectuelles, et de son éducation.* Subdivide así el argumento: *1)* la educación necesariamente diferente de los diversos hombres es quizá la causa de la desigualdad de los espíritus, atribuida hasta ahora a la desigual perfección de los órganos; *2)* todos los hombres comúnmente bien organizados tienen una aptitud igual de espíritu; *3)* entre las causas de la desigualdad de los espíritus hay que distinguir el deseo desigual que tienen los hombres de instruirse y la diferencia de estado, de la cual resulta la de su instrucción; *4)* los hombres comúnmente bien organizados son todos susceptibles del mismo grado de pasión.

La desigualdad actual que se observa en el espíritu de los diversos hombres no puede ser mirada como una prueba de su aptitud desigual. Porque si, como lo prueba la experiencia, cada hombre percibe las mismas relaciones entre los mismos objetos; si cada uno de ellos reconoce la verdad de las proposiciones geométricas; si, por otra parte, ninguna diferencia en el matiz de sus sensaciones altera su manera de ver; si, para ofrecer un ejemplo sensible, en el momento en que el sol se eleva del seno de los mares, todos los habitantes de las mismas orillas, que reciben en el propio instante la luz de sus rayos, lo reconocen igualmente como el astro más brillante de la naturaleza; es preciso confesar que todos los hombres tienen o pueden tener los mismos juicios acerca de los mismos objetos; que pueden alcanzar las mismas verdades; y que, en fin, si no todos tienen de hecho el mismo espíritu, todos, cuando menos, tienen el mismo en potencia, esto es, la aptitud para tenerlo. En conclusión: en los hombres comúnmente bien organizados, la desigualdad de los talentos no puede ser sino un mero efecto de la diferencia de su educación.

Estos principios concuerdan aparentemente con la tradición escolástica que ya estudiamos en relación con América. Las Casas y Vitoria hubieran podido suscribirlos. Pero, de nuevo, se trata de afinidades ajenas a una influencia directa.

De otra parte, no faltan las desemejanzas básicas. Helvecio no funda ninguna de sus proposiciones en supuestos cristianos. Como Las Casas, cree en la capacidad de perfeccionamiento de cualquier hombre; pero en tanto que el fraile acude a la Creación y al instrumento de la fe y de las buenas costumbres, el filósofo dieciochesco se atiene a una explicación natural y piensa en términos seculares en el mejoramiento por medio de la educación.[3]

Creo que desde el punto de vista del presente estudio, la coincidencia más significativa del autor ilustrado con sus olvidados antecesores escolásticos descansa en aquella afirmación relativa a que los pueblos se distinguen en la historia, no por virtudes naturales específicas, de las que otros pueblos carecen, sino a causa de circunstancias de oportunidad y de tiempo que teóricamente pueden fecundar la capacidad de cualquier hombre comúnmente bien organizado. Con eso se quebrantaba la jerarquía del derecho de gentes fundada en la diferencia de razón entre los pueblos; es decir, la base filosófica del imperialismo clásico y renacentista, que ya había sido objeto de revisión honda por parte de los tratadistas españoles.

Sumando las enseñanzas de los filósofos precedentes, podía en 1793 preguntar Condorcet, en su *Esquisse d'un tableau historique des progrès de l'esprit humain*, que si la igualdad natural de los hombres, primera base de sus derechos, es el fundamento de toda verdadera moral: ¿qué podía esperar ésta de una filosofía —la anterior a las luces— que tenía como una de sus máximas el desprecio franco de esta igualdad y de estos derechos?

La igualdad natural se convierte en asiento inmediato de los derechos políticos del hombre. Y la tradición igualitaria anterior a la Ilustración se olvida ante la

---

[3] Véase la contribución de A. Keim, *Helvétius*, París, Alcan, 1907.

presencia abrumadora del antiguo régimen contra el cual se dirigen los nuevos principios.

Conforme a éstos había redactado Jefferson la Declaración de Independencia de los Estados Unidos en 1776, pero sin dejar de pagar tributo a la idea de la Creación: "creemos que todos los hombres son creados iguales, que se hallan dotados por su Creador de ciertos derechos inalienables, que entre ellos figuran la vida, la libertad y la busca de la felicidad. Que para garantizar esos derechos, se instituyen los gobiernos entre los hombres, derivando sus justos poderes del consentimiento de los gobernados".

Los escolásticos no solían conceder a la igualdad natural un valor político efectivo hasta el punto de basar en ella la reforma —aquí y ahora— de la monarquía absoluta y de las clases sociales privilegiadas. En el siglo XVI contribuyeron con sus ideas a humanizar el tratamiento de pueblos exóticos; en el XVII formularon algunas preguntas atrevidas con respecto al origen y la justificación de la desigualdad social, según hemos visto. Pero los autores cristianos interpretaron comúnmente la igualdad por naturaleza como un pasado remoto y quimérico, o como un atributo del estado de inocencia, o como una consecuencia esencial, pero no temporal inmediata de la creencia religiosa en la Creación. No era lo mismo aceptar esa igualdad como programa de una revolución política inminente.

Este matiz programático y la más franca desaprobación de la esclavitud fueron, dentro del campo del presente estudio, las contribuciones mayores que la Ilustración hizo al fondo de ideas integrado por los esfuerzos liberales del mundo clásico y cristiano.

De varias maneras se hacen presentes los temas americanos en las obras del siglo XVIII: se censura la conquista y la esclavitud de los indios y negros; se contraponen las luces del siglo al oscurantismo de la actuación española (el ejemplo horroroso de que hablaba Raynal); se discute acerca de la degeneración de las especies al pasar del Viejo al Nuevo Mundo, y también se habla de la juventud de éste, en su doble acepción de inmadurez por un lado y de promesa por el otro; se deprime o se exalta al hombre nacido en esta parte del Universo, ya sea indio, mestizo o criollo; se nutre de savia americana la doctrina del buen salvaje, aunque el propio espectáculo de los indígenas de la América Meridional lleve al francés La Condamine a concluir que "el hombre, abandonado a la simple Naturaleza, privado de educación y de sociedad, difiere poco de la bestia". En fin, América no es olvidada en un siglo de inquietudes universales y de aplicaciones revolucionarias del derecho natural.

No nos incumbe abordar temas tan amplios, que ya cuentan con su literatura correspondiente.

Fijémonos, tan sólo, en las actitudes dieciochescas que tocan a la igualdad y libertad de los americanos.

En primer término, se perciben todavía los ecos de la contienda acerca de la razón del indio, que apasionó tanto a los polemistas anteriores.

El leído Cornelio de Pauw, en sus *Recherches philosophiques sur les américains* que aparecieron en Berlín en 1768, se permitió interpretar la famosa bula del papa Paulo III acerca de la capacidad de los indios en la forma siguiente: "Al principio, no fueron reputados por hombres los americanos, sino más bien sátiros o monos grandes que podían matarse sin remordimiento o reprensión. Al fin por añadir lo ridículo a las calamidades de aquellos tiempos, un papa hizo una bula original, en la cual declaró que deseando fundar obispados en las provincias más ricas de la América, le agradó a él y al Espíritu Santo reconocer por verdaderos hombres a los americanos; y así sin esta decisión de un italiano los habitantes del Nuevo Mundo serían aun en el día a los ojos de los fieles una raza de hombres equívocos. No hay ejemplar de semejante decisión desde que este globo está habitado de hombres y de monos."

Asimismo el ilustrado Robertson refería en su *Historia de América* (1777), que algunos misioneros, atónitos de la lentitud de comprensión y de la insensibilidad de los indios, los calificaron como una raza de hombres tan degenerada, que eran incapaces de entender los primeros rudimentos de la religión. Y que un concilio celebrado en Lima decretó que por razón de esta imbecilidad debían ser excluidos del sacramento de la eucaristía. Reconocía Robertson que Paulo III, en la bula de 1537, los declaró criaturas racionales y capaces de todos los privilegios de los cristianos. Pero después de dos siglos, eran tan imperfectos sus progresos en el conocimiento, que poquísimos tenían el discernimiento intelectual necesario para ser juzgados dignos de acercarse a la sagrada mesa. Y aun después de la más continua instrucción, su creencia era tenida por débil y dudosa; y aunque algunos de ellos hubiesen llegado extraordinariamente a aprender las lenguas doctas, y pasado con aplauso el curso de una educación académica, su debilidad parecía siempre tan sospechosa, que ningún individuo se había ordenado jamás de presbítero y raras veces se había recibido en una orden.

Cuando semejantes escritos de los ilustrados de Europa llegaron a conocimiento de los hombres de América, despertaron las reacciones más vivas y encontradas.

Francisco Xavier Clavijero (1731-1787) se vio en el caso de calificar a De Pauw de "autor no menos maldiciente que enemigo de la verdad"; pues según este jesuita mexicano, la bula de Paulo III no fue hecha "para declarar verdaderos hombres a los americanos, sino solamente para sostener los derechos naturales de los americanos contra las tentativas de sus perseguidores y para condenar la injusticia e inhumanidad de los que con el pretexto de ser aquellos hombres idólatras o incapaces de instrucción, les quitaban las propiedades y la libertad y se servían de ellos como de bestias". Recalcaba que antes de expedirse la bula, los Reyes Católicos habían recomendado encarecidamente la instrucción de los americanos, y dado las órdenes más estrechas para que fuesen bien tratados y no se les hiciese ningún daño en sus haberes y en su libertad, y enviado muchos misioneros. Afirmar que Paulo III quiso reconocer por verdaderos hombres a los americanos por fundar obispados en las provincias más ricas del Nuevo Mundo, le parecía a Clavijero "una temeraria calumnia de un enemigo de la Iglesia Romana"; antes "debería más bien alabar el celo y la humanidad que manifiesta aquel Papa en la mencionada bula".

El ataque a Robertson no fue menos enconado, pues creía Clavijero que adoptó en gran parte "las extravagantes opiniones de Pauw".

La convicción personal del jesuita mexicano era favorable en cuanto a las dotes intelectuales de los indios de América y al poder de la educación sobre los impedimentos que se reputaban naturales.

En un pasaje de la *Historia antigua de México*, publicada en 1780-81, asegura: "Sus almas [de los indios mexicanos] son radicalmente semejantes en todo a las de los otros hijos de Adán, y provistas de las mismas facultades; ni jamás hicieron tan poco honor a su propia razón los europeos, que cuando dudaron de la racionalidad de los americanos."

En sus *Disertaciones* añade: "Después de una experiencia tan grande y de un estudio tan prolijo, por el cual me creo en estado de poder decidir con menos peligro de errar, protesto a Pauw y a toda la Europa, que las almas de los mejicanos en nada son inferiores a las de los europeos: que son capaces de todas las ciencias, aun las más abstractas, y que si seriamente se cuidara de su educación, si desde niños se criasen en seminarios bajo de buenos maestros y si se protegieran y alentaran con premios, se verían entre los americanos filósofos, matemáticos y teólogos que pudieran competir con los más famosos de Europa. Pero es muy difícil, por no decir imposible, hacer progresos en las ciencias en medio de una vida miserable y servil y de continuas incomodidades."

La conciencia de la posible afinidad de las ideas dieciochescas con las de los cristianos del siglo XVI que defendieron la capacidad y libertad de los indios, se descubre en el propio Clavijero; pues refiriéndose a lo escrito por De Pauw contra los indios, se permite este ingenioso juego de palabras: "pinta con tales colores a los americanos y envilece de tal modo sus almas, que aunque algunas veces se irrita contra los que pusieron en duda su racionalidad, no dudo que si entonces se le hubiera consultado, se hubiera declarado contra el parecer de los *racionalistas*". Este último vocablo viene subrayado en el texto, sin duda para poner énfasis en la intención de aplicarlo, según la moda lingüística del siglo XVIII, a los teólogos y letrados de la época de la Conquista que fueron partidarios de la razón del indio, y de paso para mostrar cuánto se había alejado de los cánones ilustrados el filósofo prusiano al describir a los hombres de América.

Otro jesuita mexicano, Pedro José Márquez (1741-1820), en su obra *Due antichi monumenti di architettura messicana*, Roma, 1804, en fragmento traducido por G. Méndez Plancarte, *Humanistas del siglo xviii*, México, 1941, pp. 133-134, dice: "De tantas naciones que cubren nuestro globo, no hay una sola que no se crea mejor que las otras, así como no hay cosa más ordinaria entre los habitantes de la tierra que el burlarse uno de otro cuando lo oye hablar un lenguaje que no es el suyo nativo: efecto de ignorancia que se observa aun en muchos que se tienen por doctos y discretos." "Pero el verdadero filósofo, así como no asiente a tales opiniones, así tampoco acusa inmediatamente de error a todos en un solo haz. Es cosmopolita (o sea ciudadano del mundo), tiene por compatriotas a todos los hombres y sabe que cualquier lengua, por exótica que parezca, puede en virtud de la cultura ser tan sabia como la griega, y que cualquier pueblo por medio de la educación puede llegar a ser tan culto como el que crea serlo en mayor grado. Con respecto a la cultura, la verdadera filosofía no reconoce incapacidad en hombre alguno, o porque haya nacido blanco o negro, o porque haya sido educado en los polos o en la zona tórrida. Dada la conveniente instrucción —enseña la filosofía—, en todo clima el hombre es capaz de todo." "La suerte de un pueblo consistirá, pues, en haber adoptado los más sabios principios para que con ellos se instruya y ejercite su juventud, y de acuerdo con los cuales se dirija y gobierne la comunidad y cada uno de sus individuos."

Es indudable que este cosmopolitismo, sobre todo tal como se expresa en el último párrafo, es ya un fruto de la Ilustración; pero incluye y prolonga la vieja tradición cristiana que afirma la capacidad de todos —blancos, cobrizos o negros— y el poder de la educación. Y este apoyo permite a Márquez, interesado en ello como mexicano, poner coto a las desviaciones de la doctrina universal que pudieran apoyarse en la teoría del clima, puesta en boga por Montesquieu.

Esa fe en la capacidad del indio y en la virtud de la educación se propagó ampliamente por el mundo de habla española, como la atestiguan otros autores de la época.

Entre los peninsulares, cabe mencionar a Joseph Campillo de Cossio, cuyo tratado del *Nuevo sistema de gobierno económico para la América*, publicado en Madrid en 1789, ya estaba terminado en 1743, año en que falleció el autor.

Decía en cuanto a la incapacidad de los indios, que no podía creer fuese tanta como muchos querían aparentar, negándoles aun la calidad de racionales. Le parecía ser esto ajeno de la verdad y propio o de la misma ignorancia o de la malicia. La vida de los indios antes de que conocieran a los europeos demostraba que tenían notorias luces de talento y discurso: "Manifiesta esto claramente las grandes poblaciones y ciudades que formaron, los prodigiosos y excelentes edificios que construyeron, los imperios tan poderosos que fundaron, su modo arreglado de vivir baxo ciertas leyes civiles y militares, teniendo su género de culto de divinidad; y aun ahora vemos, que todas las artes y oficios los exercitan a imitación de los más hábiles europeos, con gran destreza..." Campillo no sólo desconfiaba de quienes pintaban a los indios como carentes de las discursivas y razonables luces, sino que se declaraba partidario de sostener que tenían "una razón bien puesta, unas potencias claras y una comprehensión, abilidad y aptitud, ni tan bárbara ni aun tan vulgar como se afirma". En caso de que al presente fuesen los indios como se representaban, sugería el autor que podía haberlos reducido a la barbarie una larga opresión, como sucedía a los griegos de la época, descendientes de aquellos grandes capitanes, filósofos y estadistas que fueron maestros del mundo. En todo caso, nada se oponía a que se hiciese de los indios vasallos útiles, dentro del sentido que asignaba a este término Campillo, ya que no era menester en una monarquía que todos discurriesen ni que tuviesen grandes talentos. Bastaba que supiese trabajar el mayor número, siendo pocos los que debían mandar, que eran los que necesitaban de luces muy superiores; pero la muchedumbre no había de necesitar más que fuerzas corporales y docilidad para dejarse gobernar.

No se trataba de un reconocimiento altruista de la razón del indio. Lo que interesaba a Campillo, como político del despotismo ilustrado, era que los indios se convirtiesen en "vasallos útiles" de la monarquía española. Que fuesen buenos labradores, pastores, etc., como los había en las naciones más cultas de Europa. Por eso se conformaba con defender, en último término, la habilidad de los naturales de América para desempeñar esas funciones económicas indispensables para el sustento y progreso de la sociedad.

En términos más desinteresados sostuvo Antonio de Ulloa, en la *Relación histórica del viage a la América Meridional*, aparecida en Madrid en 1747, que: "Mucha parte de la rusticidad notada en los Entendimientos de estos Indios, proviene de su poca cultura; pues atendidos los que gozan el beneficio de ésta en algunas partes, se hallarán tan racionales, como los demás Hombres."

El criollo mexicano Juan José de Eguiara y Eguren, en el prólogo a su *Bibliotheca mexicana* impresa en 1755, refutó por extenso al deán de Alicante don Manuel Martí, que había escrito con desdén de la cultura del Nuevo Mundo. Trató, indignado, de probar que a los indios no se les podía tachar de brutos e incultos; y en cuanto a los descendientes americanos de los europeos, sostuvo que sobresalían por su inteligencia, entre otras causas por ser favorable el medio físico, y que era singular su afición y amor a las letras. Siguiendo a Feijóo, se dispuso asimismo a disipar el error de quienes afirmaban que si bien los americanos estaban dotados de un ingenio precoz, perdían el uso de él prematuramente.

A su vez, el criollo peruano José Eusebio de Llano Zapata, en sus *Memorias histórico-phisico-crítico-apologéticas de la América Meridional*, que llevan fecha de 1761, censuró a Las Casas con motivo de las calumnias que causaron el descrédito que injustamente padecía la nación española en las plumas de los extranjeros; pero no por eso se mostró partidario de Sepúlveda, cuya obra sobre los indios le parecía "temeraria, poco cristiana y de ningún modo ajustada a los dogmas de la Iglesia". Creía que los indios tenían las mismas aptitudes para las artes y las ciencias "que todas las demás gentes del mundo antiguo", y que sus imperfecciones "no son defectos de su capacidad, sino falta de cultura".

Tales apreciaciones parecen derivar más bien de la observación y del racionalismo de la época que de la teología o de la política del siglo XVI, pero concuerdan esencialmente con los principios escolásticos.

En lo que concierne al debate en torno de la servidumbre, el propio De Pauw acusó a Las Casas de haber hecho "gran número de memorias para probar que la conquista de América era una injusticia atroz, e imaginó de destruir al mismo tiempo a los africanos por medio de la esclavitud..." Le extrañaba al tratadista prusiano que Sepúlveda no hubiera reprochado a su opositor el haber dado aquella odiosa memoria, "tanto estaban entonces confundidas las ideas. El fanatismo, la crueldad, el interés, habían pervertido las primeras nociones del derecho de gentes".

Esta acusación contra Las Casas preocupó grandemente a los espíritus dieciochescos y dio lugar a una frondosa literatura.

El jesuita de la Universidad de Córdoba de Tucumán, Domingo Muriel, a quien hemos visto inclinarse al ideario de Sepúlveda, admitía a fines del siglo XVIII la distinción entre la servidumbre estricta y la natural. Le parecía que mejor que Pufendorf y antes que Heinecio, comprendió el jesuita Acosta la idea de Aristóteles y de su intérprete Tomás, pues reconocía que no se trataba de la servidumbre ordinaria, sino de la política o también económica, ya que es conforme a la naturaleza de las cosas que los rudos sean dirigidos y corregidos por los sabios. Esta clase de servidumbre recaía también en el hijo que necesitaba tutor y curador, aunque fuese dueño de su fortuna. Muriel creía que semejante distinción aclaraba la disputa que en 1519 sostuvo Las Casas con el obispo de Darién, fray Juan Quevedo, ya que éste "se refería a una servidumbre distinta de la servil".

Es interesante también que Muriel desprendiese una consecuencia liberal para el esclavo del concepto de la igualdad por naturaleza, pues comentaba: "es inútil que el amo se acuerde que el esclavo es un hombre igual a él por su naturaleza si es un hombre sobre quien tiene derecho de vida y de muerte, o si aunque lo mate, no comete para con él injusticia alguna". Argumento que le servía para desechar ese supuesto derecho del amo sobre el esclavo.

Muriel se atrevió a negar que Las Casas hubiese pensado en la esclavitud de los africanos; le parecía que por eso no se lo pudo reprochar Sepúlveda. Creía que Las Casas no condenó la conquista de América, sino únicamente los abusos de los vencedores cometidos individualmente y que habían sido exagerados de manera extraordinaria. Lo que Las Casas propuso, según la versión del jesuita de Córdoba, fue el envío de labradores.

Como es evidente, Muriel no poseía buena información sobre el episodio. De Pauw, a pesar de sus errores habituales, estaba en este caso algo más cerca de la realidad histórica; además, dentro del clima de opinión propio de los ilustrados, exaltó el progreso moral de su época con respecto al siglo XVI, no vacilando en llamar al de negros: "odioso comercio que estremece a la humanidad".

De nuevo la Ilustración europea hizo memoria de la polémica en torno a la conquista de América cuando el 13 de mayo de 1801, el ciudadano Gregorio, antiguo obispo de Blois, miembro del Instituto de Francia, leyó en la sección de ciencias morales y políticas una apología de Las Casas. Se propuso demostrar que era calumniosa la imputación que se hacía a éste en el sentido de que fue el inspirador de la introducción de esclavos negros en América.[4]

El debate, en el que terciaron después el deán de Córdoba de Tucumán, Gregorio Funes, el mexicano doctor Mier y el español Juan Antonio Llorente, tiene hoy un valor documental escaso; porque todos los contendientes desconocían el párrafo de la *Historia de las Indias*, a que ya hicimos referencia, en que el propio Las Casas explicaba que, efectivamente, propuso la introducción de negros para aliviar la condición de los indios; pero más tarde se arrepintió al advertir la injusticia con que los portugueses los tomaban y hacían esclavos, concluyendo que "la misma razón es dellos que de los indios".

Lo que se probó bien en la disputa de comienzos del siglo XIX fue que con anterioridad a la proposición de Las Casas ya se habían llevado esclavos negros a las Indias.

[4] Los documentos se hallan publicados en *Colección de las obras del venerable obispo de Chiapa, don Bartolomé de las Casas, defensor de la libertad de los americanos*, ed. por Juan Antonio Llorente, París, 1822, 2 vols., II, 329 *ss*.

Pero si la polémica es de interés secundario desde el punto de vista del tema que fue discutido, resulta de valor inestimable para apreciar cómo la filosofía de las luces hace suya la figura de Las Casas.[5]

Según el obispo Gregorio, Las Casas estuvo al frente de algunos hombres generosos que, levantando la voz contra los opresores en favor de los oprimidos, votaban aquéllos a la venganza, e invocaban para éstos la protección de las leyes divinas y humanas.

En la conferencia de Valladolid, de 1550, Sepúlveda pretendía persuadir como cosa justa el hacer la guerra contra los indios para convertirlos a la fe. Las Casas le refutaba por los principios de tolerancia y de libertad

---

[5] A fines del siglo XVII, ya se preguntan en Inglaterra cómo puede coexistir la prédica de Las Casas con el papismo y la Inquisición. En el prefacio a la traducción al inglés —hecha en 1699— de la *Destrucción de las Indias*, se encuentra este significativo párrafo: "This Bishop (Las Casas) writes with such an Air of Honesty, Sincerity and Charity, as would very well have become one of a better Religion than that in which he had the unhappiness to be educated. It may well surprise the Reader to hear a Spanish Prelat declaim so loudly against Persecution, and plead so freely for liberty of Conscience in a Country subjugated to the Inquisition. To hear him in his dispute against Doctor Sepúlveda, deny all methods of violence for the propagation of the Truth, as more sutable (sic) to the Maxims of Mahometism than the Principles of Christianity: to hear him assert the Natural Right of all Mankind to Liberty and Property, and inveigh against all Usurpation and Tyranny in the smartest Terms, is enough to move any one's Wonder, and Pity too, when on the other hand 'tis observed how much he magnifies the Power and Authority of the Pope in some of this Propositions contained in the following Treatise. But all may serve to convince one how great an advantage or disadvantage a Man has as he pleads the Cause of Truth or Error; and of the great difference there is between the genuine language of Reason and good sense, and the servil Prejudices of Bigotry and Superstition". Cit. por Lewis Hanke, *Bartolomé de Las Casas, Bookman, Scholar and Propagandist*, Filadelfia, University of Pennsylvania Press, 1952, p. 56.

en favor de todos los individuos de la especie humana; y estos principios obtuvieron la aprobación solemne de las Universidades de Alcalá y Salamanca.

A Gregorio le extrañaba que la Academia de la Historia de Madrid hubiese publicado, hacía veinte años, una edición magnífica de este "apologista de la esclavitud" (o sea Sepúlveda); mientras que no existía aún una edición completa de las obras del "virtuoso" Las Casas. La Academia no se abochornaba de aprobar lo que ella misma llamó "una piadosa y justa violencia ejercida contra los paganos y los herejes". Gregorio esperaba que los miembros actuales de la Academia se sintieran repugnados por una "doctrina tan chocante".

En la oración de este obispo ha desaparecido todo recuerdo de la diferencia, tan marcada en el siglo XVI, entre la servidumbre natural y la legal. Sepúlveda es llanamente un esclavista, y Las Casas un filántropo defensor de la especie humana. Pero hay más: aquel debate del siglo XVI, así definido, no constituye en realidad sino un antecedente del debate propio del siglo XVIII y principios del XIX, o sea, el relativo a la esclavitud de los negros. Por eso cree Gregorio que Las Casas no pudo ser partidario de ésta, y que la imputación en tal sentido es calumniosa: "¿Quién se persuadirá que la piel negra de los hombres nacidos en otro hemisferio haya sido motivo de que los condenase a sufrir la crueldad de sus señores, quien toda su vida reivindicó los derechos de los pueblos sin distinción de color? Los hombres de carácter tienen uniformidad en su conducta que no se contradice. Sus acciones y sus principios son unísonos: así Benezet, Clarkson, y en general los amigos de los negros, lejos de inculpar a Las Casas, le colocan a la cabeza de los defensores de la humanidad." Unida así la causa de los indios a la de los negros, la campaña de Las Casas se podía emparentar con la de los partidarios de la emancipación dieciochesca: "Las Casas tuvo muchos enemigos: dos siglos más tarde, habría tenido muchos más." Estuvo con los aventureros españoles que esclavizaban indios en las mismas relaciones que los amigos de los negros en Francia, de algunos años a esta parte, con los dueños de los plantíos: "¿No hemos oído sostener que los negros eran una clase intermedia entre el hombre y los brutos? Así los colonos españoles pretendían que los indios no pertenecían a la especie humana." Las Casas, estremeciéndose de los horrores que veía, manifestó quiénes eran los autores y excitó la indignación de todas las almas sensibles.

Gregorio no se conformó con establecer una afinidad formal entre el Cristianismo libertador del siglo XVI y la filantropía del XVIII, sino que enlazó los contenidos ideológicos de una y otra centuria. En efecto, afirmaba que Las Casas, religioso como todos los bienhechores del género humano, veía en los hombres de todos los países, los miembros de una sola familia, obligados a tenerse mutuamente amor, y darse auxilios y a gozar de unos mismos derechos. Ponía en boca de este religioso —defensor del amor a la "humanidad" y de la igualdad de derechos— discursos propios de un ciudadano ilustrado de la época de la Revolución Francesa. Por ejemplo, que lo que importa a todos, exige el consentimiento de todos; que la prescripción contra la libertad es inadmisible; que la forma del Estado político debe ser determinada por la voluntad del pueblo, porque él es la causa eficiente del gobierno, y no se le puede imponer carga alguna sin su consentimiento. Además, Las Casas aparece sosteniendo que la libertad es el mayor de los bienes y que, siendo todas las naciones libres, el quererlas sujetar bajo pretexto de que no son cristianas es un atentado contra los derechos natural y divino, y quien abusa de su autoridad es indigno de ejercerla y no se debe obedecer a ningún tirano. En defensa de los indios, se ve al fraile español invocando el derecho natural que pone a nivel las naciones y los individuos, y la Santa Escritura, según la cual Dios no hace acepciones de personas; con esto dio nueva claridad a la justicia de las reclamaciones de los indios.

Gregorio concluye que a ese campeón de los derechos de la humanidad se le debe levantar una estatua en el Nuevo Mundo; no conoce objeto más digno de ejercitar el talento de un amigo de la virtud, y le parece extraño que hasta ahora la pintura y la poesía no se hayan ocupado de ello. Los amigos de la religión, de las costumbres, de la libertad y de las letras, deben un homenaje de respeto a la memoria de aquel a quien Eguiara llamaba el "Adorno de América", y quien, perteneciendo a la España por su nacimiento, a la Francia por su origen, puede con justo título ser llamado el "Adorno de los dos mundos". Todavía añade el obispo que los grandes hombres, casi siempre perseguidos, desean existir en lo futuro, pues estando por su talento, adelantados a las luces de su siglo, reclaman el tribunal de la posteridad. Esta heredera de su virtud, de sus talentos, debe satisfacer la deuda de los contemporáneos.

Y así ocurrió. Las Casas —"adelantado a las luces de su siglo"— fue honrado después de la independencia de América por los pintores y poetas virtuosos y por las almas sensibles. La libertad cristiana atrajo a la nueva filosofía, y ésta, para recibir la herencia, hubo previamente de retocar el cuadro histórico con fuertes pinceladas. Las diferencias se perdieron en la sombra y las semejanzas pasaron al primer plano. Pero Gregorio no era un impostor. Su discurso se apoyaba en pasajes auténticos de Las Casas. Éstos dieron pie a la afinidad producida y, por el contrario, a la repulsión profesada hacia Sepúlveda, cuyo pensamiento fue mal interpretado, pero correctamente intuido en lo que respecta a su dirección jerarquizante.

Entre los polemistas de principios del siglo XIX, hubo algunos que, a fin de conciliar la admiración que sentían por Las Casas con el hecho, por ellos admitido, de que éste hubiera defendido la esclavitud de los negros, se vieron precisados a subrayar que entre el pensamiento del siglo XVI y el de la nueva época mediaron diferencias importantes.

Funes hizo notar al obispo Gregorio que la esclavitud doméstica, adquirida por guerra justa, era lícita según la doctrina de Las Casas. La voz de la filosofía y de la razón aún no había hablado en su siglo con bastante elocuencia para causar sobre este punto esa feliz revolución que causó en la edad más baja y por la que vemos desterrada de toda Europa esa servidumbre despiadada.

Mier puntualizó que no podía pedirse a Las Casas que en el siglo XVI razonase con las luces del XIX. Entonces a nadie ocurrió escrúpulo ninguno respecto al tráfico de negros, y toda la Europa cristiana, muy tranquila en conciencia, ha continuado hasta ahora ese comercio: "Entendámonos; el cristianismo ha recomendado la caridad y mansedumbre, y enseñándonos que todos somos hijos de un padre y hermanos en Jesu Cristo, lima poco a poco las cadenas, las aligera; pero se puede ser buen cristiano y tener esclavos si son legítimamente adquiridos, tratándoles con caridad cristiana. San Pablo, para que los fieles (oyendo que Jesu Cristo nos ha llamado a la libertad y sacado de la servidumbre del pecado y de la ley mosaica) no lo entendiesen de la libertad corporal, no cesa en sus cartas de exhortar a los esclavos a que sirvan y obedezcan a sus amos como al mismo Cristo. Filemón era sacerdote, y San Pablo, aunque había bautizado y ordenado sacerdote a Onésimo su esclavo y lo había menester para el ministerio apostólico, no le reprende ser su dueño, antes por serlo le remite su esclavo, se lo recomienda, para que le perdone, con una ternura de padre. Por las leyes del imperio la adquisición de esclavos era legítima, y el Evangelio no turba las leyes civiles."

Discurso muy oportuno para recordar que la filosofía cristiana no era idéntica a la de la Ilustración. La esclavitud se desterraba a causa de las nuevas luces, lo cual merecía la aprobación de Mier; pero el Cristianismo anterior a este cambio sólo debilitó, mas no quebrantó las cadenas.

Llorente, al igual que Funes, salvaba la distancia entre el Cristianismo del siglo XVI y la filosofía ilustrada mediante el recurso del progreso de las ideas: "Jamás quiso Casas la esclavitud de los negros, pero ella existía y ni Casas ni algún otro la reputaba digna de ser contada entre los actos ofensivos de la humanidad, porque las ideas que se tenían entonces acerca de los africanos en toda Europa eran totalmente contrarias a las que tenemos en nuestro tiempo, en que las luces del derecho de gentes son en sumo grado superiores."

De suerte que ésa al parecer sencilla operación de "adelantar" en el tiempo a Las Casas, no dejaba de poner al descubierto las diferencias de épocas e ideas; sin embargo, la afinidad era irresistible, y quizás pensaban con alguna razón nuestros filósofos ilustrados que, de haber vivido Las Casas "dos siglos después", hubiera sido de los suyos, tanto para exigir la libertad de los negros, como para defender el credo político igualitario.

Los ecos españoles y americanos de esta polémica resuenan en las Cortes de Cádiz, pero ya son los postreros momentos del Imperio en torno del cual se agitaron las ideas por nosotros estudiadas.[6]

[6] En el artículo de Guillermo Lohmann Villena, "Tras el surco de Las Casas en el Perú. Una pesquisa sobre resonancias lascasianas en el Perú durante los siglos XVIII y XIX", publicado en *Estudios sobre Fray Bartolomé de las Casas*, Sevilla, 1974, pp. 327-351, recoge (p. 347), entre otros testimonios, el de José Joaquín de Olmedo (1780-1847), quien en su oda *A la victoria de Junín*, escrita en Lima, pone en boca del monarca indígena Huayna Cápac esta estancia:

> *¡Guerra al usurpador! ¿Qué le debemos?*
> *¿Luces, costumbres, religión o leyes...?*
> *¡Si ellos fueron estúpidos, viciosos,*
> *Feroces y por fin supersticiosos!*
> . . . . .
> *Todos, sí, todos, menos uno solo;*
> *El mártir del amor americano:*
> *De paz, de caridad apóstol santo;*
> *Divino Casas, de otra patria digno.*
> *Nos amó hasta morir.—Por tanto ahora*
> *En el Empíreo entre los Incas mora.*

Nota de Olmedo: "El nombre de Las Casas no puede recordarse sin enternecimiento por ningún americano, a pesar del último extravío de su

La vía quedó abierta para llegar a lo que en nuestra época llamaría Max Scheler (1874-1928), malhumorado, la interpretación del movimiento cristiano "según turbias analogías con ciertas formas del movimiento social y democrático moderno y —como han hecho los socialistas cristianos y no cristianos— ver en Jesús una especie de 'demagogo' y 'político social' ". El mismo autor recopila todas las razones que diferencian el amor cristiano del humanitarismo moderno.

Antes, el alemán Justo Möser (1768), al combatir la filosofía igualitaria, el filantropismo y los derechos universales del hombre, había considerado, según lo advierte Meinecke, "perfectamente claro que las ideas de humanidad universal y de universal filantropismo hundían sus raíces en el Cristianismo y se continuaban, simplemente, en la filosofía de la época".

Pero el autor que llevó a su último desarrollo esta observación fue Nietzsche, cuya afinidad con Sepúlveda, varias veces apuntada en la literatura contemporánea, no nos parece más exacta ni más errónea que la de los filósofos de las luces con Las Casas.

Nietzsche no sólo restaura el ideal aristocrático, sino que, dando por buena la identidad del Cristianismo con la igualdad moderna, combate ambos principios. La idea de la igualdad ante Dios, dice en su obra *Der Wille zur Macht* (1900), es la más perniciosa de todas las valoraciones; si se considera a los individuos como iguales,

---

zelo. ¡Cuándo no se extraviaron las grandes pasiones! El nombre de Las Casas es muy venerado en América. España le trata de fanático y de impostor."
Ediciones en vida del autor: Guayaquil (lugar de nacimiento de Olmedo), 1825; Londres y París, 1826; Caracas, 1842, y en *América Poética*, Valparaíso, 1846.

se ignoran las exigencias de la especie y se inicia el proceso que finalmente conduce a su ruina.

Sin embargo, existe una diferencia básica entre el orden natural de Aristóteles y el del pensador alemán: aquél exalta la razón, y éste la nobleza guerrera; el primero piensa en un naturalismo racionalista, y el segundo en un naturalismo vital; el tono antiintelectualista de Nietzsche y de sus continuadores los aleja de la jerarquía clásica; pero tienen de común con ésta que aceptan un orden basado en la graduación desigual de los hombres y que atribuyen a esta disposición un carácter natural.

Scheler, interesado en "depurar" el auténtico Cristianismo de cualquier enredo con la democracia y el socialismo modernos, cree que Nietzsche fue víctima de un error, porque al confundir el elemento cristiano con la filosofía política igualitaria, hizo al uno y a la otra objeto de un ataque común; pero si las ideas se separan, le parece a Scheler que el Cristianismo auténtico es conciliable con el sentido aristocrático. Dice a este respecto: "el supuesto común de los elogios, como de las censuras, supuesto que Nietzsche comparte con aquellos socialistas, es radicalmente falso y erróneo. El Cristianismo no ha sostenido nunca esa 'igualdad de las almas ante Dios', que Nietzsche señala como raíz de la democracia... la idea de que los hombres son equivalentes a 'los ojos de Dios' y de que toda diversidad, toda aristocracia de valores en la existencia humana se funda sólo en prejuicios, exclusivismos y flaquezas antropomórficos, es una idea que más bien recuerda a Spinoza y que es completamente extraña al Cristianismo; es una idea radicalmente contradicha por las concepciones del 'cielo', el 'purgatorio' y el 'infierno', por la estructura interior y exteriormente aristocrática de la sociedad eclesiástica cristiana, que se continúa sin interrupción y culmina en el invisible reino de Dios".

Es evidente que Scheler se esfuerza, tanto por podar del viejo tronco cristiano el igualitarismo moderno, como por injertar en él la rama aristocrática que presenta bajo el atractivo rótulo de Cristianismo auténtico y original.

Por eso Nietzsche, sin perder sus características, resulta conciliable con Jesucristo, aunque él lo ignorara.

La filosofía jerarquizante de Nietzsche fue adoptada, merced a otra de esas afinidades que tantas veces nos han salido al encuentro en el curso de este ensayo, por el nacional-socialismo alemán, como se ha puesto de relieve en monografías recientes.

En cambio, un pensador cristiano de nuestros días, Jacques Maritain, sin olvidar la distinción fundamental establecida por Cristo entre las cosas que son del César y las que son de Dios, reflexiona que si bien la fe cristiana no obliga a cada fiel a ser demócrata, sí puede afirmarse que el anhelo de libertad surge en la historia humana como una manifestación temporal de la inspiración evangélica. El Cristianismo es un credo religioso y un camino hacia la vida eterna, pero también un fermento de la vida social y política de los pueblos y portador de la esperanza temporal de los hombres. Es decir, hay en el Cristianismo el que Maritain llama el tesoro de verdad divina y también la energía histórica que trabaja en el mundo. De las corrientes derramadas sobre este mundo por la predicación del Evangelio procede, según el autor, el esfuerzo por abolir la servidumbre, por hacer reconocer los derechos de la persona humana y por libertar el trabajo y el hombre de la dominación del dinero, no obstante que no siempre han sido creyentes ortodoxos quienes han trabajado en esas direcciones.

Conclusión esta última que nos trae a la memoria la teoría histórica de Karl Marx, según la cual, todos los pueblos, sin faltar ninguno por motivo de raza, alcanzarán la última meta, o sea, el mundo proletario donde surgirá el nuevo hombre.

Afirmación de catolicidad, pero sobre otras bases y con miras temporales diversas de las cristianas.

En ocasiones recientes, la Iglesia romana que en tiempos de Paulo III se sintió llamada a esclarecer las dudas acerca de la razón y libertad de los indios, ha vuelto a definir su doctrina acerca de la igualdad humana, pero concediendo un margen amplio a las diferencias sociales.

Benedicto XV, en la Encíclica *Intelleximus* (14-VI-1920) habla del exceso consistente en desconocer "las múltiples desigualdades que crea la naturaleza aun entre la fraternidad y la igualdad humanas".

Pío XI, en la Encíclica *Divini Redemptoris* (19-III-1937) explica: "No es cierto que todos tengan derechos iguales en la sociedad civil o que no exista jerarquía legítima."

Estos textos han sido comentados por un escritor católico español contemporáneo, M. Giménez Fernández, en los términos siguientes: "El Igualitarismo consiste en creer que todos los hombres son específicamente iguales, confundiendo así la personalidad y la individualidad. En cuanto que 'todos somos hijos de Dios' sustancialmente, es cierta tal afirmación, pero no así accidentalmente, ya que Dios ha querido que el hombre difiera en inteligencia, habilidad y otras dotes, aunque todos persigamos un mismo fin último, que es la salvación eterna."

No es el esfuerzo neoescolástico de conciliación entre los dos extremos del problema el atractivo que nos mueve a recordar estas palabras, sino la demostración de que sobrevive la compleja actitud cristiana más allá de las corrientes democráticas y socialistas que en el mundo moderno sucedieron al planteamiento teológico del tema de la igualdad y libertad del hombre.

Creemos haber comprobado que el pensamiento hispánico, y de manera más concreta el referente al Nuevo Mundo, no permaneció ajeno a tales disputas, haciendo algunas aportaciones oportunas y meritorias.

Por eso es posible sostener que la historia ideológica de América se enlaza con las más universales inquietudes acerca de los derechos humanos, del orden en la comunidad política y de la convivencia de las naciones.

VI. CONCLUSIÓN

La doctrina política que hemos estudiado desempeña una función importante en la historia colonial de América, no sólo en calidad de parte del legado de cultura que llega con los descubridores, sino también como instrumento que sirve al propósito de unir a los dos mundos sin desdoro de la justicia.

La difusión de la idea de libertad cristiana en las universidades de las Indias, la familiaridad con las leyes inspiradas en el mismo pensamiento, y hasta el reflejo de aquel holgado principio en la vida de la sociedad, pueden considerarse como factores que contribuyeron a fomentar nuestro liberalismo íntimo y a crear una actitud de hermandad humana opuesta a los "achaques" de la servidumbre por naturaleza.

América contó así, bien pronto, con una tradición generosa que le permitió arrostrar las amenazas del orgullo, del prejuicio y de la codicia que arribaron también con los primeros colonos.

Por existir el antecedente de tales combates, prendió mejor en los espíritus de América, a su hora, el pensamiento ilustrado que proclamaba la igualdad entre los hombres y exigía nuevas y mejores garantías de libertad individual.

No parece vana la insistencia en estos precedentes si hemos de corregir la equivocada idea de que debimos exclusivamente la Independencia y el Liberalismo a una imitación ingenua y casual de modelos extraños que, de pronto, deslumbraron a nuestros antepasados.

Hoy nos damos cuenta de que sus peticiones —a fines del siglo XVIII y principios del XIX— se acomodaban a una antigua disposición de ánimo; a un anhelo perdurable de justicia y libertad que les hacía venerar, entre otras, la figura combativa de Las Casas. Y en tal época, como había ocurrido en el momento de la Conquista, tampoco faltaron ideas ni realidades contrarias que surgían asimismo del fondo de nuestra historia. Por eso hubo otra lucha porfiada y trágica.

El mensaje ideológico que se desprende de este ensayo podría resumirse en las proposiciones siguientes:

La libertad es más antigua entre nosotros de lo que comúnmente se ha creído.

El Cristianismo no llega al Nuevo Mundo desprovisto de fermentos favorables a la libertad humana, aunque después haya podido desviarse por otros caminos.

Quienes desde la época de la contienda por la Independencia vienen defendiendo la concepción liberal de la vida, no tienen que renegar del pasado hispanoamericano en su conjunto, pues contiene valores capaces de suministrar apoyo y estímulo a esa misma defensa.

OBRAS CONSULTADAS

ALTAMIRA, R.
1906 *Historia de España y de la civilización española.* Barcelona.

BATAILLON, M.
1976 "Platon et Aristote dans le Monde Ibérique", en *Platon et Aristote à la Renaissance. XVIe Colloque International de Tours.* Librairie Philosophique J. Vrin. París.

BELL, A. F. G.
1925 *Juan Ginés de Sepúlveda.* Oxford.

BRINTON, C.
"The National Socialists' Use of Nietzsche", *Journal of the History of Ideas,* Vol. I.

CARLYLE, R. W. y A. J. CARLYLE
1930 *A History of Mediaeval Political Theory in the West.* 6 vols. Edimburgo y Londres.

CARRANCÁ y TRUJILLO, R.
1938 "El estatuto jurídico de los esclavos en las postrimerías de la colonización española", *Revista de Historia de América,* Nº 3 (Septiembre), pp. 20-59. México.

CARRO, VENANCIO D., O. P.
1944 *La teología y los teólogos-juristas españoles ante la conquista de América.* (Publicaciones de la Escuela de Estudios Hispano-Americanos de la Universidad de Sevilla, Nº VI), 2 vols. Madrid.

EGUIARA y EGUREN, J. J. DE
1944 *Prólogos a la Biblioteca Mexicana.* Versión y estudio por A. Millares Carlo. México.

GALLEGOS ROCAFULL, J. M.
1951 *El pensamiento mexicano en los siglos xvi y xvii.* México.

GERBI, A.
- 1946 *Viejas polémicas sobre el Nuevo Mundo*, 3ª edición. Lima.
- 1960 *La disputa del Nuevo Mundo. Historia de una polémica, 1750-1900.* Fondo de Cult. Económ. México.

GIMÉNEZ FERNÁNDEZ, M.
- 1940 *Instituciones jurídicas en la Iglesia Católica.* Madrid.

HANKE, L.
- 1935 *Las teorías políticas de Bartolomé de las Casas.* Buenos Aires.
- 1942 "La controversia entre Las Casas y Sepúlveda", *Rev. Univer. Católica Bolivariana.* Medellín, Colombia.
- 1949 *La lucha por la justicia en la conquista de América.* Buenos Aires.
- 1950 *Aristotle and the American Indian. A Study in Race Prejudice in the Modern World.* Chicago.

HERSKOVITS, M. J. (ed.)
- 1941 *The Interdisciplinary Aspects of Negro Studies.* Washington, D. C.

HÖFFNER, JOSEPH
- 1957 *La ética colonial española del Siglo de Oro. Cristianismo y dignidad humana.* Escrito preliminar de Antonio Truyol Serra. Versión española de Francisco de Asís Caballero. Ediciones Cultura Hispánica. Madrid.

ÍMAZ, E. (ed.)
- 1941 *Utopías del Renacimiento.* F. C. E., México.

LAS CASAS, BARTOLOMÉ DE
- 1941 *Doctrina.* Prólogo y selección de A. Yáñez. México.

MALAGÓN BARCELÓ, J.
- 1974 *Código Negro Carolino (1784).* Santo Domingo, R. D.

MARITAIN, J.
- 1943 *Christianisme et démocratie.* Nueva York.

MECHOULAN, H.
- 1974 *L'Antihumanisme de J. G. de Sepúlveda. Étude critique du "Democrates Primus".* Mouton-La Haye. París.

MEINECKE, F.
　1943　*El historicismo y su génesis.* Fondo de Cultura Económica. México.
MÉNDEZ PLANCARTE, G.
　1941　*Humanistas del siglo xviii.* México.
　1946　*Humanismo mexicano del siglo xvi.* México.
MENÉNDEZ PIDAL, R.
　1929　*La España del Cid,* 2 vols. Madrid.
MILLARES CARLO, A.
　1944　"Feijóo en América", *Cuadernos Americanos,* Año III, Vol. XV, N⁰ 3 (Mayo-Junio), pp. 139-160. México.
MOON, P. T.
　1927　*Imperialism and World Politics.* Nueva York.
PALACIOS RUBIOS, JUAN LÓPEZ DE
　1954　*De las islas del Mar Océano.* Fray Matías de Paz, *Del dominio de los reyes de España sobre los indios.* Edición de S. Zavala y A. Millares Carlo, Fondo de Cultura Económica (Biblioteca Americana, N⁰ XXXV). México.
PARRY, J. H.
　1940　*The Spanish Theory of Empire in the Sixteenth Century.* Cambridge.
PICÓN-SALAS, M.
　1944　*De la Conquista a la Independencia. Tres siglos de historia cultural hispanoamericana.* 2ª edición, corregida y aumentada, 1950, Fondo de Cultura Económica. México.
SCHELER, M.
　1938　*El resentimiento en la moral.* Buenos Aires-México.
SEILLIÈRE, E.
　1903　*Le Comte de Gobineau et l'aryanisme historique.* París.
　1918　*Houston Stewart Chamberlain, le plus récent philosophe du pangermanisme mystique.* París.
　1929　*Romanticism.* Nueva York.

SEPÚLVEDA, J. G. DE
    1941 *Tratado sobre las justas causas de la guerra contra los indios.* Con una Advertencia de Marcelino Menéndez y Pelayo y un Estudio por Manuel García-Pelayo. Fondo de Cultura Económica, México.

SUÁREZ DE PERALTA, J.
    1949 *Tratado del descubrimiento de las Indias. (Noticias históricas de Nueva España.)* Compuesto en 1589 por... vecino y natural de México. Nota preliminar de Federico Gómez de Orozco. México.

TANNENBAUM, F.
    1947 *Slave and Citizen. The Negro in the Americas.* Nueva York.

WHITAKER, A. P. (ed.)
    1942 *Latin America and the Enlightenment.* Nueva York.

ZAVALA, SILVIO
    1935a *La encomienda indiana.* Madrid. 2ª edición, revisada y aumentada (Biblioteca Porrúa, Nº 53), Editorial Porrúa, S. A., 1973. México.
    1935b *Las instituciones jurídicas en la conquista de América,* 2ª edición, revisada y aumentada (Biblioteca Porrúa, Nº 50), Editorial Porrúa, S. A., 1971. México.
    1943 *New Viewpoints on the Spanish Colonization of America.* University of Pennsylvania Press. Filadelfia. 2ª edición, Russell and Russell. 1968. Nueva York.
    1944a "Cristiandad e infieles según algunos autores medievales y renacentistas", *Estudios Históricos,* Nº 3 (Enero), pp. 7-24. Guadalajara, Jal.
    1944b *Ensayos sobre la colonización española en América.* Buenos Aires. 2ª edición, 1972. México.
    1944c *Servidumbre natural y libertad cristiana según los tratadistas españoles de los siglos xvi y xvii.* Buenos Aires, 2ª edición, Editorial Porrúa, S. A. 1975. México.
    1946 "Relaciones históricas entre indios y negros en Iberoamérica", *Revista de las Indias,* XXVIII-88 (Abril), pp. 53-65. Bogotá.
    1948 *Estudios indianos.* El Colegio Nacional. México.

1953 *The Political Philosophy of the Conquest of America.* Traducción de Teener Hall. Editorial Cultura. México, D. F.
1965 *Recuerdo de Vasco de Quiroga.* Editorial Porrúa, S. A. México.
1966 *Recuerdo de Bartolomé de las Casas.* Librería Font, S. A. Guadalajara, Jal.
1967 *El mundo americano en la época colonial* (Biblioteca Porrúa, Nos. 39 y 40), 2 vols. Editorial Porrúa, S. A. México.
1968 *Los esclavos indios en Nueva España.* El Colegio Nacional. México.

ÍNDICE DE NOMBRES

Abate Nuix (*véase* Nuix,...)
Academia de Dijon: 114
Academia de la Historia de Madrid: 133
Académie Royale de Belgique: 69n
Acosta, José de: 10, 18, 63, 64, 74, 82, 89, 90, 129
Adams, John Quincy (*véase* Quincy Adams,...)
Adán: 18, 29, 44, 92, 111, 124
"Adorno de América": 135 (*véase también* Las Casas, Bartolomé de)
"Adorno de los dos mundos": 135 (*véase también* Las Casas, Bartolomé de)
África: 23, 103
Agustín, San (*véase* San Agustín)
A la victoria de Junín (de J. J. de Olmedo): 138n (*)
Albornoz, Bartolomé de: 81, 100, 101
Alcalá, Universidad de: 64, 133
Alcan (editorial): 119n
Alegre, Francisco Javier: 103, 105, 106
Alejandro el Magno: 82
Alfonso X (el Sabio de Castilla): 44
Alicante: 128
Altamira, Rafael: 11, 97, 102
América: 8, 17n, 18, 19, 21, 22, 23, 38, 40, 47, 48, 63, 66, 73, 80, 88, 89, 94, 95, 96n, 97, 103, 107, 112, 114, 118, 121, 122, 123, 124, 126, 129, 130, 131, 135, 138n, 143, 144 (*véanse también* América Latina, América Meridional, Hispanoamérica, Norteamérica, Nuevo Continente y Nuevo Mundo)
América", "Adorno de (*véanse* "Adorno de América" y "Adorno de los dos mundos")

América Latina: 15 (*véanse también* América, América Meridional, Hispanoamérica, Norteamérica, Nuevo Continente y Nuevo Mundo)
América Meridional: 17, 107, 121, 128 (*véanse también* América, América Latina, Hispanoamérica, Norteamérica, Nuevo Continente y Nuevo Mundo)
América Poética (de J. J. de Olmedo): 139n
América, Revista de Historia de (véase *Revista de Historia*...)
Amor es más laberinto (de Sor J. Inés de la Cruz): 109
Angélico, doctor (*véase* Santo Tomás de Aquino)
Angola: 104
Antigüedad (época): 80
Antillas: 73
Antonino..., Prouincia de S...: 17n
Apologética historia (de B. de las Casas): 84
Aquino [Lacio, Italia] (*véase* Santo Tomás de...)
Archivo General de la Nación (México): 66
Aristóteles: 36, 40, 41, 42, 46, 48, 50, 54, 61, 75, 77, 78, 79, 80, 81, 82, 82n, 90, 92, 94, 105n, 111, 112, 113, 116, 129, 140
Arte de contratos (de B. de Albornoz): 100
Arzobispado de Santa Fe: 17n
Asamblea de Veteranos Norteamericanos de Guerras Extranjeras: 72n
Asia: 18, 23, 89
Audiencia de México: 95

(*) Las entradas de orden bibliográfico en este índice aluden a trabajos que aparecen en el texto (o en las notas al pie), pero no forman parte de la Bibliografía al final de la obra. [*Edit.*]

Avendaño, Diego de: 101

Bachiller Enciso: 30
Baltimore: 59n, 69n
Báñez, Domingo: 10, 74, 82
Barceló, Javier Malagón (*véase* Malagón...)
Barcelona: 17n
Bartolomé de las Casas, Bookman, ... and Propagandist (de L. Hanke): 132n
Belarmino, Roberto: 37
Bell, A. G.: 68
Benedicto XV: 142
Benezet, Antoine: 133
Berbería: 100
Berlín: 121
Bernal Díaz del Castillo (*véase* Díaz del...)
Besancon (Francia): 51n
Biblia, la: 75, 84 (*véanse también* Génesis, Levítico *y* Santa Escritura)
Biblioteca de Autores Españoles (*véase* Nueva Biblioteca...)
Biblioteca mexicana (de J. J. de Eguiara y Eguren): 128
Blois (Francia): 131
Bodino, Juan: 45
Bradley, Omar N.: 72n
Brasil: 80
Brevísima relación de la destrucción de las Indias (de B. de las Casas): 132n
British Colonial Theories 1570-1850 (de K. E. Knorr): 59n
Bruselas: 69n
Buenos Aires: 7, 9, 15, 96n
Buffon (Jorge Luis Leclerc): 111
Burgos: 48, 53, 74

Cabo Verde: 99, 100, 103
Cáceres, doctor...: 102n
Cádiz: 138
Campillo de Cossio, Joseph: 126, 127
Canarias (*véase* Islas Canarias)
Candelaria, Nuestra Señora de: 36
(*véase también* Origen y... de N. S...)
Candía: 52
Cano, Melchor (*véase* Melchor...)
Caracas: 66, 139n
Carlos I, de España: 8, 31
Carlos III: 10
Carlos V, de Alemania: 91, 103
Carlos, César... (*véase* César Carlos)
Cartago: 18
Castelo, María: 7
Castilla: 10, 31, 100
Castilla del Oro: 30
Cataluña: 10
Catedral de Michoacán: 25
Católico, Fernando el (*véase* Fernando...)
Católicos, Reyes (*véase* Reyes...)
Cayetano, Tomás de Vío: 32, 33
César, el...: 141
César Carlos: 56 (*véanse también* Carlos I *y* Carlos V)
Cirenaica: 101
Cisneros, Diego: 52n
Ciudad de Dios (de San Agustín): 18
Clarkson, Thomas: 133
Clavijero, Francisco Javier: 123, 124
Clay, Henry: 69n
Código Negro Carolino: 102n
Colec. de las obras del... obispo de Chiapa... B. de las Casas, defensor... (de J. A. Llorente, ed.): 131n
Colegio Real de San Ignacio (Puebla): 114n
Compañía de Jesús (*véase* Jesuitas)
Concilio de Constanza: 26
Condamine, La (*véase* La Condamine)
Condorcet (Antoine Caritat): 119
Congo: 104
Consejo de Tutela (de la ONU): 72
Constantinopla: 23
Constanza: 26
Continente Americano: 18 (*véanse también* América, América Latina, América Meridional, Hispa-

noamérica, Norteamérica, Nuevo Continente y Nuevo Mundo)
Contrato social (de J. J. Rousseau): 116
Convento de Nuestra Señora del Rosario (Santa Fe): 17n
Córdoba (Tucumán): 61, 65, 129, 130, 131
Coriche, Cristóbal Mariano (O. P.): 114n
Cortes de Cádiz: 138
Cortés, Hernán: 24, 25, 36
Cossio, Joseph Campillo de (*véase* Campillo de...)
Creación, la: 44, 75, 76
Crenshaw, O.: 71n
Crisóstomo (*véase* San Juan...)
Cristo: 25, 26, 27, 28, 29, 31, 33, 34, 42, 72, 73, 80, 87, 90, 95, 141 (*véanse también* Dios, Espíritu Santo, Jehová, Jesucristo y Padre Eterno)
Cruz, Sor Juana Inés de la (*véase* De la Cruz, Sor...)
Cuadripartito (de Tolomeo): 46, 48

Chamberlain, Houston Stewart: 70, 71
Chiapas: 131n

Darién, el: 29, 53, 130
David: 61
Dávila, Pedrarias (*véase* Pedrarias...)
De Acosta, José (*véase* Acosta,...)
De Albornoz, Bartolomé (*véase* Albornoz,...)
De Aquino, Santo Tomás (*véase* Santo Tomás...)
De Avendaño, Diego (*véase* Avendaño,...)
De Cossio, Joseph Campillo (*véase* Campillo de...)
De Eguiara y Eguren, Juan José (*véase* Eguiara y...)
De Espinosa, Alonso (*véase* Espinosa,...)
De Gómara, Francisco López (*véase* Gómara,...)

De La Condamine, Charles (*véase* La Condamine,...)
De la Cruz, Sor Juana Inés: 109, 110
De las Casas, Bartolomé (*véase* Las Casas,...)
Del Castillo, Bernal Díaz (*véase* Díaz del Castillo,...)
De l'esprit (de C.-A. Helvecio): 117
De l'esprit des lois (de Montesquieu): 112
Delfinazgo, el: 51, 52
De l'homme, de ses facultés..., et de son éducation (de C.-A. Helvecio): 117
De Lizárraga, Reginaldo (*véase* Lizárraga,...)
De locis theologicis (de Melchor Cano): 83
De Loyola, San Ignacio (*véase* Loyola, San...)
De Lucca, Tolomeo (*véase* Tolomeo de...)
De Llano Zapata, José Eusebio: 128
De Magallanes, Fernando (*véase* Magallanes,...)
De Menchaca, Fernando Vázquez (*véase* Vázquez de...)
De Mercado, Tomás (*véase* Mercado,...)
De Mesa, Bernardo (*véase* Mesa,...)
De Mier, Servando Teresa (*véase* Teresa de Mier,...)
Demócrates (personaje ficticio de J. G. de Sepúlveda, en su *Democrates alter*): 54, 55, 56, 57, 58
Democrates alter (de J. G. de Sepúlveda): 54, 58, 67, 68
De Moerbecke, Guillermo (*véase* Moerbecke,...)
De Molina, Luis (*véase* Molina,...)
De Montesinos, Antonio (*véase* Montesinos,...)
De Montúfar, Alonso (*véase* Montúfar,...)
De Obando, Juan (*véase* Obando,...)

De Olmedo, José Joaquín (véase Olmedo,...)
De Oviedo, Fernández (véase Fernández de...)
De Palacios Rubios, Juan López (véase Palacios Rubios,...)
De Pascal à Chateaubriand. Les défenseurs... (de A. Monod): 111n
De Pauw, Cornelio: 65, 121, 123, 124, 129, 130
De Peñalosa y Mondragón, Benito (véase Peñalosa y...)
De Peralta, Juan Suárez (véase Peralta,...)
De Quiroga, Vasco (véase Quiroga,...)
De Róterdam, Erasmo (véase Erasmo...)
Der Wille zur Macht (de F. W. Nietzsche): 139
De Saavedra Fajardo, Diego (véase Saavedra Fajardo,...)
De Sandoval, Alonso (véase Sandoval,...)
Descripción... de ... la tierra del Perú (de R. de Lizárraga): 96n
De Sepúlveda, Juan Ginés (véase Sepúlveda,...)
Destrucción de las Indias (véase *Brevísima*...)
De Susa, Enrique (véase Susa,...; véase también Ostiense, el)
De Tocqueville, Alexis-... (véase Tocqueville,...)
De Torquemada, Juan (véase Torquemada,...)
De Ulloa, Antonio (véase Ulloa, ...)
De Vío Cayetano, Tomás (véase Cayetano,...)
De Vique, Bernardino (véase Vique,...)
De Vitoria, Francisco (véase Vitoria,...)
De Zamora, Alonso (véase Zamora,...)
De Zumárraga, Juan (véase Zumárraga,...)

Díaz del Castillo, Bernal: 24
Dijon, Academia de (véase Academia...)
Dios: 26, 28, 29, 30, 34, 35, 42, 43, 48, 56, 61, 69, 72, 74, 75, 76, 84, 85, 86, 91, 98, 101, 103, 108, 135, 139, 140, 141, 142 (véanse también Cristo, Espíritu Santo, Jehová, Jesucristo y Padre Eterno)
Discours sur l'origine de l'inégalité (de J. J. Rousseau): 114
Doctrina breve (de J. de Zumárraga): 81
Due antichi monumenti di architettura messicana (de P. J. Márquez): 125

Edad Media: 10, 29, 39, 44, 93
Edad de Oro: 107
Edad de Hierro: 107
Editores Emecé: 8
Editorial Losada: 9
Editorial Sudamericana: 96n
Egipto: 42
Eguiara y Eguren, Juan José de: 128, 135
Eguren, Juan José de Eguiara y (véase Eguiara y...)
Elcano, Sebastián: 17
El Magno, Alejandro (véase Alejandro...)
Encíclica *Divini Redemptoris*, 1937 (de Pío XI): 142
Encíclica *Intelleximus*, 1920 (de Benedicto XV): 142
Enciso, Bachiller (véase Bachiller...)
Enquirer (periódico de Richmond): 71
Ensayos sobre la colonización... en América (de S. Zavala): 8
Erasmo de Róterdam: 45
Escolástica, la: 54, 80, 89
Escritura, la (véase Santa...)
España: 8, 9, 18, 22, 24, 25, 31, 36, 37, 38, 52, 56, 60, 67, 71, 73, 74, 96, 98, 110, 135, 138n
Española, la (véase Isla Española)
Espasa Calpe, Editores: 9

ÍNDICE DE NOMBRES

Espinosa, Alonso de: 36
Espíritu Santo (entidad divina): 122 (véanse también Cristo, Dios, Jehová, Jesucristo y Padre Eterno)
Esquisse d'un tableau ... des progrès de l'ésprit humain (de A. C. Condorcet): 119
Essai sur l'inégalité des races humaines (de J.-A. Gobineau): 69
Estado Mayor del Ejército (de E. U. A.): 72n
Estados Unidos: 70, 71, 72n, 120 (véase también Norteamérica)
Estudios sobre F. B. de las Casas: 138n
Etiopía: 101
Étude sur la formation... des races au XVIII° siècle et... (de Th. Simar): 69n
Europa: 15, 19, 21, 31, 37, 40, 53, 88, 95, 103, 112, 114, 123, 124, 128, 136, 137
Eurípides: 104n
Excélsior (periódico de México, D. F.): 72n

Facultad de Filosofía y Letras (Univ. de Bnos. Aires): 7
Fajardo, Diego de Saavedra (véase Saavedra...)
Feijóo y Montenegro, Benito Jerónimo: 82, 82n, 110, 128
Felipe II: 37, 103
Fernández de Oviedo, Gonzalo: 30
Fernández, M. Giménez (véase Giménez...)
Fernando VI: 10
Fernando el Católico: 28, 73 (véase también Reyes Católicos)
Filadelfia: 132n
Filemón, sacerdote: 137
Filipinas: 71
Francia: 51, 70, 111n, 131, 134, 135 (véanse también Normandía y París)
"From Nationalism to Cosmopolitanism in the Greco-Roman World" (de M. Hadas): 41n
Fuentes para la historia del trabajo en Nueva España (de S. Zavala y M. Castelo): 7
Funes, Gregorio (Deán de Córdoba de Tucumán): 131, 136, 137

Garcés, Julián (O. P.): 87n
Génesis, el: 75 (véanse también Biblia, Levítico y Santa Escritura)
Giménez Fernández, Manuel: 142
Ginés de Sepúlveda, Juan (véase Sepúlveda,...)
Gobineau, Joseph-Arthur: 69, 70, 71
Gómara, Francisco López de: 17, 25, 91
Gran Canaria: 24 (véase también Islas Canarias)
Grecia: 32, 41n
Gregorio, licenciado...: 53
Gregorio, obispo de Blois (Henri Grégoire): 131, 132, 133, 134, 135, 136
Guayaquil: 139n
Guinea: 99

Hadas, M.: 41n
Hanke, Lewis: 96n, 132n
Heinecio, Juan-Teófilo: 129
Helvecio, Claude-Adrien: 117, 118 (véase también Helvétius)
Helvétius (de A. Keim): 119n (véase también Helvecio)
Hispanoamérica: 15, 71, 97 (véanse también América, América Latina, América Meridional, Nuevo Continente y Nuevo Mundo)
Histoire naturelle de l'homme. Variétés... (de J. L. L. Buffon): 111
Historia antigua de México (de F. X. Clavijero): 124
Historia de América (de W. Robertson): 122
Historia de las Indias (de F. L. Gómara): 17
Historia [general] de las Indias (de B. de las Casas): 97, 131
Historia natural (de Plinio el Viejo): 18

Historia natural y moral de las Indias (de J. de Acosta): 18
Historia... de la civilización española (de R. Altamira): 9
Historia... de la conquista de la Nueva España (de B. Díaz del Castillo): 24
Historia... de S. Antonino del... Reino de Granada... (de A. de Zamora): 17n
Hollander, J. H. (editor): 59n
Huayna Cápac: 138n

Ifigenia (de Eurípides): 104n
Iglesia Católica: 42, 83, 85, 123, 129, 142 (*véase también* Padres de la Iglesia)
Ilustración, la: 119, 120, 126, 131, 137
Imperio romano: 33
Imprenta del Colegio Real de San Ignacio (Puebla): 114n
Imprenta de Joseph Llopis: 17n
India Oriental: 90
Indias, las: 17, 18, 20, 22, 26, 28, 31, 35, 37, 48, 51, 57, 66, 74, 88, 94, 95, 97, 101, 102, 103, 106, 109, 131, 144
Indias Occidentales: 60
Indias, Recopilación de las Leyes de (véase *Recopilación de las...*)
Inés de la Cruz, Sor... (*véase* De la Cruz, Sor Juana...)
Inga (del Perú): 60
Inglaterra: 52, 69, 132n
Inocencio IV: 27, 31
Inquisición: 132n
Instituta, la: 44
Institutionum theologicarum libri xviii (de F. X. Alegre): 104n
Instituto de Filosofía (Univ. de Bnos. Aires): 15
Instituto Francés de la América Latina (México, D. F.): 15
Instituto de Francia: 131
Instituto de Investigaciones Históricas (Univ. de Bnos. Aires): 7
Intelleximus (véase *Encíclica...*)
Irlanda: 70

Isla Española: 73
Islas Canarias: 23, 33, 36 (*véase también* Gran Canaria)
Isla de Santo Tomás: 104
Israel: 42
Italia: 54

Jefferson, Thomas: 120
Jehová: 42 (*véase también* Padre Eterno)
Jesucristo: 25, 81, 82, 85, 96n, 99. 137, 139, 141 (*véanse también* Cristo, Dios, Espíritu Santo, Jehová y Padre Eterno)
Jesuitas (Compañía de Jesús) (S. J.): 18, 61, 63, 65, 89, 101, 103, 123, 125, 129 (*véase también* Loyola, San Ignacio de)
Juana, Inés de la Cruz (*véase* De la Cruz, Sor Juana...)
Julio César: 70
Junta de Burgos: 48, 53, 74
Justiniano: 44

Keim, A.: 119n
Knorr, K. E.: 59n

La Condamine, Charles de: 121
La lucha por la justicia en la conquista de América (de L. Hanke): 96n
La Plata: 96n
Las Casas, Bartolomé de: 28, 34, 38, 52, 54, 67, 68, 73, 76, 77, 78, 81, 83, 84, 85, 86, 87, 88, 89, 91, 97, 105n, 118, 128, 129, 130, 131n, 132, 132n, 133, 134, 135, 136, 137, 138, 138n, 139, 145 (*véanse también* "Adorno de América" y "Adorno de los dos mundos"
Las Partidas (de Alfonso X): 44
Leo, Heinrich: 70
León (España): 31
Leopoldo (personaje ficticio de J. G. de Sepúlveda, en su *Democrates alter*): 54, 55, 56, 58
Le régime féodal en Franche-Comté au XVIIIᵉ siècle (de J. Millot): 51n

ÍNDICE DE NOMBRES

Levítico, el: 42 (*véanse también* Biblia, Génesis *y* Santa Escritura)
Leyes de Indias (véase *Recopilación de las...*)
Libro de las cinco excelencias del español... (de B. de Peñalosa y Mondragón): 60
Lima (Perú): 122, 138
Lisboa: 100
Lizárraga, Reginaldo de: 96n
Lohmann Villena, Guillermo: 138n
Lombardo, Pedro: 31
Londres: 13, 139n
López de Gómara, Francisco (*véase* Gómara, Francisco...)
López de Palacios Rubios (*véase* Palacios Rubios,...)
López, Gregorio: 88, 91
Los elementos de la civilización y del carácter españoles (de R. Altamira): 9
Loyola, San Ignacio de: 10
Lucca, Tolomeo de (*véase* Tolomeo...)
Luis Vives, Juan (*véase* Vives,...)
Lutero, Martín: 55

Llano Zapata, José Eusebio de (*véase* De Llano Zapata,...)
Llopis, Joseph (*véase* Imprenta de...)
Llorente, Juan Antonio: 131, 131n, 137

Madrid: 9, 17, 82n, 126, 133
Magallanes, Fernando de: 17
Magno, Alejandro el (*véase* Alejandro...)
Mahoma: 34
Maior, Juan: 31, 32, 47, 48, 51
Malagón Barceló, Javier: 103n
Manifest Destiny (de A. K. Weinberg): 69n
Manual de Historia de España (de R. Altamira): 9
Maritain, Jacques: 141
Márquez, Pedro José: 125, 126
Martí, Manuel: 128
Marx, Karl: 142

McKinley, William: 71
Meinecke, Friedrich: 139
Melchor Cano: 83
Memorias histórico-...apologéticas de la América Meridional (de J. E. de Llano Zapata): 128
Menchaca (*véase* Vázquez de...)
Méndez Plancarte, Gabriel: 25, 87n, 104n, 125
Menéndez Pidal, Ramón: 23
Menéndez y Pelayo, Marcelino: 66, 67
Mercado, Tomás de: 99, 100
"Mérito y fortuna de Aristóteles" (de B. J. Feijóo y Montenegro): 82n
Mesa, Bernardo de: 51, 52, 53, 74, 75, 76, 83
México: 24, 29, 54, 58, 60, 66, 81, 98, 124 (*véase también* Nueva España)
México (ciudad): 11, 15, 25, 52n, 72n, 87n, 95, 101, 104n, 125
Michoacán: 25, 28
Mier, Servando Teresa de (*véase* Teresa de Mier,...)
Millares Carlo, Agustín: 110
Millot, J: 51n
Missouri: 72n
Moerbecke, Guillermo de: 46
Molina, Luis de: 101, 104, 105
Mondragón, Benito de Peñalosa y (*véase* Peñalosa y...)
Money Answers All Things (de J. Vanderlint): 59n
Monod, A.: 111n
Montenegro, Benito Jerónimo Feijóo y (*véase* Feijóo y...)
Montesinos, Antonio de: 73
Montesquieu (Carlos Secondat): 112, 113, 114, 116, 126
Montúfar, Alonso de: 98
Morelli, Cyriaco: 62 (*véase también* Muriel, Domingo)
Moro, Tomás: 58, 59, 107
Möser, Justo: 139
Motezuma, Gran: 60
Mundo Antiguo: 17, 42 (*véanse también* "Adorno de los dos

mundos", África, Europa y Nuevo Mundo)
Muriel, Domingo: 61, 62, 63, 64, 65, 129, 130 (*véase también* Morelli, Cyriaco)

Nájera, Real Casa de (*véase* Real Casa...)
Nietzsche, Friedrich Wilheim: 139, 140, 141
Normandía: 51, 52 (*véanse también* Francia y París)
Norteamérica: 72n (*véase también* Estados Unidos)
Nuestra Señora de Candelaria (*véase* Candelaria,...)
Nueva Biblioteca de Autores Españoles: 96n
Nueva España: 7, 24, 100 (*véase también* México)
Nueva Galicia: 29
Nuevo Continente: 20 (*véanse también* América, América Latina, América Meridional, Hispanoamérica, Norteamérica y Nuevo Mundo)
Nuevo Mundo: 15, 17, 19, 21, 24, 26, 28, 31, 33, 38, 48, 53, 55, 63, 73, 74, 76, 77, 85, 88, 89, 90, 92, 94, 107, 121, 122, 123, 128, 135, 143, 145 (*véanse también* América, América Latina, América Meridional, Hispanoamérica, Mundo Antiguo, Norteamérica y Nuevo Continente)
Nuevo Reino de Granada: 17n
Nuevo sistema de gobierno... para la América (de J. Campillo de Cossio): 126
Nuix, Abate Giovanni: 64
Numa Pompilius (2º rey de Roma): 112

Obando, Juan de: 102n
Obras Completas (de R. Altamira): 9
Olmedo, José Joaquín de: 138n, 139n
Onésimo (esclavo de Filemón): 137

Oración vindicativa... de las letras y... literatos (de C. M. Coriche): 114n
Orden de los Predicadores [Dominicos] (O. P.): 17n, 51, 74, 87n, 98, 114n
Orden de los Hermanos Menores [Franciscanos] (O. F. M.): 92
Orden de Santo Domingo: 73
Organización de las Naciones Unidas: 72
Origen y... de N. S. de Candelaria (A. Espinosa): 36
Ostiense, el: 25, 26, 28, 34, 37 (*véase también* Susa, Enrique de)
Oviedo, G. Fernández de (*véase* Fernández...)

Padre Eterno, el: 26, 43, 75, 87, (*véanse también* Cristo, Dios, Espíritu Santo, Jehová y Jesucristo)
Padres de la Iglesia: 42 (*véase también* Iglesia Católica)
Palacios Rubios, Juan López de: 28, 34, 48, 49, 50, 51
Pamplona: 60
Panegírico de Trajano (de Plinio el Joven): 105n
París: 31, 47, 111, 119n, 139n (*véanse también* Francia y Normandía)
Parlamento inglés: 69
Partidas, Las (véase *Las...*)
Parry, J. H.: 68
Paulo III: 61, 87, 121, 122, 123, 142
Pauw, Cornelio de (*véase* De Pauw,...)
Pedrarias Dávila: 30
Península Ibérica: 23, 73
Peñalosa y Mondragón, Benito de: 60, 61, 107
Peralta, Juan Suárez de: 101
Pereira (jurista) (*véase* Solórzano P.)
Perú: 19, 29, 54, 60
Perusa: 92
Pío XI: 142
Pizarro, Francisco: 19

Plancarte, G. Méndez (*véase* Méndez Plancarte...)
Plinio el Joven: 105n
Plinio el Viejo: 18
Plutarco: 112
Política (de Aristóteles): 40, 46, 48, 49, 54, 55, 67, 78, 105n
Pomponazzi, círculo aristotélico de: 54
Portugal: 98, 100
Potosí (Perú): 60
Predicadores, Orden de los (*véase* Orden de...)
Proemio a la Constitución de la Unesco: 13
Prouincia de S. Antonino: 17n
Puebla (México): 114n
Pufendorf: 105n, 129

Quevedo, Juan: 53, 54, 130
Quincy Adams, John: 69n
Quiroga, Vasco de: 25, 107

Racionalismo, el: 82
Raynal, Guillaume: 121
Real Casa de Nájera: 60
Recopilación de las Leyes de Indias: 37, 94, 95
Recherches... sur les américains (de C. de Pauw): 121
Redención (del hombre): 85
Reflexiones imparciales (del Abate Giovanni Nuix): 64
Reforma, la: 37
Regimiento de los príncipes (atribuido a Sto. Tomás de Aquino): 46, 47, 48, 49
Relación... del viaje a la América Meridional (de A. de Ulloa): 17, 128
Renacimiento, el: 45, 46, 72, 107
"Requerimiento", el (de Palacios Rubios): 28, 50
Rethorica christiana (de D. Valadés): 92
Revista de Historia de América: 7, 8
Revolución Francesa: 134

Reyes Católicos: 24, 123 (*véase también* Fernando el...)
Richmond (Virginia, E. U. de A.): 71
Robertson, William: 122
Roma: 26, 29, 41n, 42, 56, 64, 125 (*véanse también* Santo Oficio... y Sede romana)
Romano, Egidio: 50
Róterdam: 45
Rousseau, Juan Jacobo: 114, 114n, 115, 116
Rudimenta juris naturae et gentium (de D. Muriel): 62

Saavedra Fajardo, Diego de: 93
Saint Louis (Missouri, E. U. de A.): 72n
Salamanca: 64, 133
San Agustín: 18, 43, 92
Sancha, A. (editor): 82n
Sandoval, Alonso de: 101
San Ignacio, Colegio Real de (Puebla): 114n
San Ignacio de Loyola (*véase* Loyola, San...)
San Juan Crisóstomo: 92
San Pablo: 85, 137
Santa Escritura: 48, 135 (*véanse también* Biblia, Génesis y Levítico)
Santa Fe (ciudad capital del Nuevo Reino de Granada): 17n
Santo Domingo (R. D.): 103n
Santo Oficio de Roma: 64 (*véase también* Roma y Sede romana)
Santo Tomás de Aquino: 27, 31, 46, 47, 50, 130
Santo Tomás, Isla de: 104
Saturno (tiempos de esta antigua divinidad): 112
Scheler, Max: 139, 140, 141
Sede romana: 27, 28 (*véanse también* Roma y Santo Oficio...)
Sentencias, Libro de las (de P. Lombardo): 31
Sepúlveda, Juan Ginés de: 34, 54, 55, 56, 57, 58, 59, 60, 61, 63, 64, 65, 66, 67, 68, 71, 77, 81, 87, 88,

89, 93, 104n, 107, 129, 130, 132, 132n, 133, 136, 139
Sevilla: 36, 99, 100, 138
Sicilia: 52
Simar, Th.: 69n
Sitio, naturaleza y... de la ciudad de México... (de Diego Cisneros): 52n
Solórzano Pereira, Juan de (jurista): 91, 93
Sor Juana Inés de... (véase De la Cruz, Sor...)
Soto, Domingo: 10, 74, 93, 101, 105n
Spinoza, Baruch: 140
Stewart Chamberlain, Houston (véase Chamberlain,...)
Suárez, Francisco: 10, 65, 74
Suárez de Peralta, Juan (véase Peralta,...)
Sumas de tratos y contratos: 20
Suma teológica (de Sto. Tomás de Aquino): 27, 47
Susa, Enrique de: 25 (véase también Ostiense, el)

Teatro crítico universal (de B. J. Feijóo y Montenegro): 82n
Teresa de Mier, Servando: 34, 131, 137
"The Knights of the Golden Circle" (artículo de O. Crenshaw): 71n
Tierra Firme: 54
Tierra Santa: 32-3
Tocqueville, Alexis-Charles-Henri Clérel de: 70
Toledo: 96n
Tolomeo de Lucca: 46, 48
Tomás de Aquino (véase Santo Tomás...)
Tomás de Mercado: 99
Tomás Moro (véase Moro,...; véase también Utopía)
Tomás de Vío (véase Cayetano,...)
Toronto (Canadá): 59n
Torquemada, Juan de: 37
Trajano: 105n (véase también Panegírico de...)

"Tras el surco de Las Casas en el Perú" (artículo de G. Lohmann Villena): 138n
Tratado del descubrimiento de las Indias (de J. Suárez de Peralta): 101
Tratos y contratos de mercaderes (de T. de Mercado): 99
Trípoli: 100
Tucumán: 61, 65, 129, 131

Ulloa, Antonio de: 17, 128
Unesco: 13
Universidad de Alcalá: 64, 133
Universidad de Buenos Aires: 7, 15
Universidad de Córdoba (Tucumán): 61, 129
Universidad de Salamanca: 64, 133
University of Pennsylvania Press: 132n
University of Toronto Press: 59n
Utopía: 59
Utopía (de T. Moro): 107

Valadés, Diego (O. F. M.): 92
Valencia: 10, 100
Valparaíso: 139n
Valladolid: 123
Vanderlint, Jacob: 59n
Vasco de Quiroga (véase Quiroga,...)
Vázquez de Menchaca, Fernando: 74, 82, 93
Venecia: 18, 62, 104n
Veteranos Norteamericanos... (véase Asamblea de Veteranos...)
Viejo Mundo: 94, 121 (véanse también "Adorno de los dos...", África, Europa y Mundo Antiguo)
Villena, Guillermo Lohmann (véase Lohmann Villena,...)
Vío Cayetano, Tomás de (véase Cayetano,...)
Vique, Bernardino de: 97
Vitoria, Francisco de: 10, 26, 34, 35, 37, 58, 74, 80, 91, 97, 118
Vives, Juan Luis: 45

Weinberg, A. K.: 69n
Writings (de J. Q. Adams): 69n
Wycliffe, Juan: 26

Yucatán: 54

Zamora, Alonso de (O. P.): 17n
Zata e Hijos, Antonio (Imprenta de): 104n
Zavala, Silvio: 7, 8, 9, 10
Zumárraga, Juan de: 81

ÍNDICE DE ILUSTRACIONES

Entre las páginas

Fray Bartolomé de las Casas	36 y 37
Juan Ginés de Sepúlveda	54 y 55
Uno de los alegatos de fray Bartolomé de las Casas	84 y 85
Una página de las *Leyes de Indias*	96 y 97

ÍNDICE GENERAL

Prólogo	7
Proemio a la Constitución de la UNESCO	13
Advertencia	15
I. Introducción	17
II. Cristiandad e infieles	23
III. Servidumbre natural	40
IV. Libertad cristiana	73
V. Igualdad dieciochesca	111
VI. Conclusión	144
Índice de nombres	153

Este libro se acabó de imprimir el día
14 de junio de 1984 en los talleres
de Editorial Melo, S. A., Av. Año de
Juárez 226-D, 09070 México, D. F.
Se imprimieron 5 000 ejemplares.